**Leslie Carmel**

# La guérison de mon âme

**Leslie Carmel**

# La guérison de mon âme

**Éditions Muse**

**Imprint**



Cover image: www.ingimage.com

Publisher:
Éditions Muse
is a trademark of
Dodo Books Indian Ocean Ltd. and OmniScriptum S.R.L publishing group

120 High Road, East Finchley, London, N2 9ED, United Kingdom
Str. Armeneasca 28/1, office 1, Chisinau MD-2012, Republic of Moldova, Europe
Printed at: see last page
**ISBN: 978-620-4-96397-6**

# Chapitre 1

A ce moment la magnifique kaitlyn ne sut quoi penser par rapport à ce nouveau comportement qu'elle savait certes mauvais mais qui lui plaisait énormément ! Tout ce qu'elle pouvait affirmer avec conviction c'est que elle aimait ça et si elle avait décidé de tout changer et se consacrer totalement à sa propre personne c'était à cause des C nombreuses épreuves qu'elle avait dû traverser durant sa vie . Le développement de ce sentiment d'orgueil dont elle a été accusée tant de fois d'en faire preuve semblait être le meilleur moyen d'atteindre cet objectif de réussite qu'elle s'était fixée. Mais aujourd'hui une seule question lui taraude l'esprit ... c'est si mauvais d'être orgueilleuse? N'est-ce pas ce pas cet orgueil qui l'avait aidé mainte fois dans l'accomplissement de ce qu'elle se devait de devenir ! Parce que sa réussite personnelle était une obligation pour elle .

Sans cet orgueil ,n'aurait-elle pas laisser des personnes manipulatrices et imbus de leur propre personne la marcher dessus comme autrefois ? Elle arriva donc à la conclusion que son

comportement était le résultat de toutes ses années de souffrance tant sur le plan physique que moral qu'elle avait vécu ! Aujourd'hui elle avait décidé de réussir et cela allait se passer selon ses plans peu importe les moyens qu'elle utilisera.
D'autre l'avait même accusé durant ses deux dernières années de ne pas savoir vivre en société... Pour elle la société n'était qu'une vie en compagnie qui pouvait influencer le devenir de toute personne ; elle ne saurait accuser celle-ci de tous les mauvais choix et erreurs dont elle avait eu à faire preuve dans sa vie mais elle pouvait affirmer que cette société avait eu une grande influence . Pour elle le libre arbitre dont devrait bénéficier tout le monde était sous l'influence de cette société là.

La jeune femme de 24 ans au cheveux volumineux et au visage angélique fut interrompis pendant ce moment rétrospectif par son mari monsieur Bulgati. Le vieil homme de la soixantaine s'avança vers son épouse pour lui faire un bisou auxquels celle-ci répondit volontiers.

- Mais Chéri le docteur t'avais interdit de sortir de ton lit ...tu dois te reposer !
- oui je sais mais l'ennui a eu raison de moi et en plus tu me manques affreusement .

Kaitlyn ne fut que désespérée de voir cet homme qu'elle souhaitait tant voir mourir avoir toujours autant de force pour pouvoir sortir de son lit . Monsieur Bulgati possédait l'une des plus grandes entreprises de location et de réparation d'automobiles du Cameroun . Ils se sont mariés il y a un an de cela . Le séduire n'avait pas été tâche difficile pour elle; juste à son aura des plus imposants ainsi qu'à sa divinité et à sa grâce kaitlyn pouvais séduire plus d'un . Il était veuf et riche certes plus vieux qu' elle mais grâce à lui elle avait la vie qu' elle méritait loin de cette souffrance qui l'avait toujours poursuivie depuis son enfance.

- oui mais chéri il faut que j'aille travailler si on reste tous les deux ici on va finir par perdre l'entreprise .

- tu as raison . Vas-y mais ne rentre pas trop tard !

Elle lui fît un bisou et se leva pour s'en aller . Notre petite femme était vêtu d'une robe rouge près du corps qui lui arrivait au genoux muni d'un décolleté plongeant laissant voir sa généreuse poitrine. Ses cheveux crépus bouclés était laissée tomber sur ses épaules ce qui lui donnait un air fatale tout cela couronné par un rouge à lèvre rouge faisant ressortir son teint ébène.

Son chauffeur la laissa devant l'entreprise où elle descendit et fit son entrée comme à son habitude avec tous les yeux braqués sur elle. Elle savait ce que ses gens pensaient d'elle mais elle s'en fichait totalement .Elle avait des objectifs à atteindre et rien ne pouvait l'arrêter. De sa démarche féline, elle se dirigea vers son bureau qui était situé au troisième étage du bâtiment. Une fois entrée elle s'assit et constata que sa secrétaire n'avait pas déposé les dossiers sur lesquels elle devait travailler ce matin. Elle appuya sur le bouton du fixe et celle ci répondit d'une petite voie:

- oui madame
-Combien de fois ai-je dit que je voulais trouver les dossiers sur mon bureau à mon arrivée?
- Désolé Madame, c'est que ce matin il y avait beaucoup de travail et ...
-Ramenez-moi les dossiers tout de suite dans mon bureau au lieu de me raconter des sottises .

Cinq minute plu tard sa secrétaire débarqua stressée dans son bureau dossier à main:

-Catherine combien de fois vous ai je fais le reproche par rapport à ça ? Croyez-vous que j'ai toute ma journée pour vous attendre ?
- oui mada... enfin non je voulais dire... je m'excuse que cela ne se reproduise plus .
- bien sûr que cela ne se reproduirait plus parce que vous êtes viré! Sortez de mon bureau

Elle commença a pleuré toute de suite après l'entente du mot viré comme si quelqu'un venait de l'annoncer la mort d'un être proche .

- Madame je suis désolé dit elle entre des sanglots... j'ai un enfant de 3 ans et je n'ai aucune source de revenus ... je vous en supplie .
- je vous ai dit de sortir de mon bureau ou j'appelle la sécurité.

Catherine s'éloigna à reculons les mains penchées vers l'avant continuant à implorer la clémence de son ex patronne . Mais celle ci sans une once de pitié la regarda s'éloigner

jusqu'à disparaître derrière cette porte noir qui s'accordait parfaitement à la décoration de son bureau qui se voulait froid et professionnel.
Elle avait été comme cette jeune fille; suppliant la clémence et le pardon mais aujourd'hui c'était à elle d'accorder ce pardon aux autres, dit-elle pour chasser toute pensée de culpabilité qui essayait de s'insérer dans son esprit.

La journée fut longue, entre les nouveaux achats de voiture, les réunions pour les événements que l'entreprise devait couvrir , elle avait enfin terminé. Il affichait 18h sur sa montre. Elle n'avait pas tellement de travail le lendemain, surtout que sa nouvelle secrétaire n'arrivait que le lundi . Demain elle ira donc dans la ville de Douala pour vérifier son propre business qu'elle avait mis en place sans informer son mari. Kaitlyn n'était pas comme toutes ses filles de son entourage qui savaient juste profiter de l'argent de leur mari , manger dans les restaurants , faire la tournée des boîtes de nuit le week-end , sans compter les voyages incessant. Certes son mari lui donnait tout ce qu'elle désirait mais elle se devait d'avoir un plan B au cas où le plan A échouait c'est à dire récupérer toute la richesse de son mari à sa mort... c'est vrai qu'il n'avait pas eu d'enfant de son premier mariage à cause de sa femme qui s'était avérée stérile. Mais connaissant ses êtres dépourvus de toute moralité qu'on appelle les hommes il avait dû en faire un dehors alors elle avait intérêt à couvrir ses arrières.

# Chapitre 2

Aux environs de 11h la voiture fît son entrée dans la ville de Douala et quinze minutes plus tard se gara devant une pharmacie... une pharmacie qui lui appartenait. Une fois entrée dans celle ci le hall laissait voir des portraits reposés sur les murs peint en blanc qui faisait honneur au plus grand visage Africain parmi lesquels :
Nelson Mandela : premier président de l'Afrique du Sud ayant reçu le prix Nobel de la paix ;
Cheikh Anta Diop: homme politique Sénégalais, scientifique de formation, historien, anthropologue;

Thomas Sankara : originaire du Burkina Faso, il est un homme d'état anti-impérialiste, socialiste , révolutionnaire ;
Ruben Um Nyobè: première personnalité politique à revendiquer l'indépendance du Cameroun;
Roger Milla: joueur international de football camerounais ;
Ils étaient tellement nombreux mais tous avait eu leur rôle à jouer dans leur propre histoire et Kaitlyn voulait être comme eux... une femme dont l'histoire pouvait marquer les cœurs .

En face de l'entrée un comptoir vitré prenait place sur lequel trois ordinateurs y avaient leur trône. Derrière se trouvaient des étagères classées en 5 colonnes de 3 étagères où les médicaments étaient disposés dans un ordre irréprochable . A l'étage , se trouvait le bureau du pharmacien titulaire qu'elle occupait quand il lui arrivait de venir vérifier comment se passent ses affaires .

Son entrée se faisait toujours des plus autoritaires possible. Selon kaitlyn un bon patron se doit d'imposer le respect . Après être montée dans son Bureau elle fût directement suivie par le pharmacien pour faire le bilan. En effet, elle avait utilisé le diplôme de celui-ci pour pouvoir ouvrir cette pharmacie. Ayant été obligé d'arrêter ses études en classe de terminale à l'âge de 17 ans à cause des problèmes financiers auxquelles elle a fait face, Kaitlyn ne pût donc pas terminer ses études pour réaliser son rêve de devenir médecin ; pour elle cette pharmacie était le meilleur moyen de se rapprocher de son rêve déjà enfouie au plus profond d'elle . Néanmoins elle avait fait des formations dans la gestion et finance pour pouvoir gérer une entreprise même si cela n'était pas suffisant à ses yeux.

Le pharmacien qui l'avait aidé et qui travaillait pour elle à présent était un homme de la cinquantaine qui n'avait pas eu assez de fonds nécessaires pour pouvoir ouvrir une pharmacie pour lui- même. Mais elle, grâce au compte bien chargé auquel elle avait accès, elle avait pu en ouvrir une en utilisant son diplôme et lui recevait en échange un salaire conséquent.

Après à peu près 2h de vérifications avec le pharmacien, Kaitlyn se rassura auprès du personnel qu'ils ne rencontraient aucun problème et que tout allait très bien. Ensuite, elle quitte les lieux et décide d'aller se reposer dans un hôtel de la place situé au quartier Akwa. Une fois les formalités résolues, notre jeune dame se dirigea vers sa chambre sous le regard quelque peu pervers des hommes présents dans le hall de l'hôtel .

Une fois après avoir pénétré dans la chambre, Kaitlyn remarqua directement le lit majestueux qui trônait au milieu de la pièce spacieuse qui lui avait été accordée pour deux jours. Le lit était de couleur blanche habillé d'un dras blanc sur lequel repose une couverture

bleu qui donnait un contraste parfait faisant ressortir la beauté de chacune de ses couleurs . En face de l'extrémité bas gauche du lit elle vit un bureau plaqué contre le mur accompagné d'une chaise habillée d'un tissus de couleur blanche et or qui ravivait la couleur beige des murs et du parquet. Entre la table et le lit se trouvait une fenêtre recouvert d'un mélange de rideau blanc et bleu qui s'accordait parfaitement avec l'habillement du lit juste à côté . Du côté droit du lit reposait une commode entièrement blanche sur lequel se trouvait un fixe sûrement pour appeler en cas de problème . Un petit tapis or se fondant totalement sur le parquet recouvrait les contours du lit lui donnant ainsi un air encore plus majestueux . Tout ceci était couronné par des lumières tamisées qui apportaient douceur à cette pièce qui était tellement différente des taudis dans lesquels elle avait vécu autrefois depuis son bas âge.
Après une soigneuse routine de nettoyage, Kaitlyn s'habillait d'un pantalon jean bleu faisant rebondir son derrière ; elle accompagna celui-ci d'une chemise totalement blanche prenant soin de laisser les deux premiers boutons ouverts donnant une vue imprenable sur sa poitrine ronde . Elle arrêta ses cheveux en un chignon afin de dégager ses épaules et ainsi on pût remarquer un visage plein de douceur masqué par les épreuves qu'elle avait traversé. Une fois sa paire de talons mise et son sac par-dessus son épaule, Kaitlyn entreprît de descendre au restaurant de l'hôtel histoire de passer du temps avant d'aller voir son amie qui résidait au quartier Kotto.
Une fois en bas une seule table était vide, le reste occupé par des couples dont les compagnons ne pouvaient s'empêcher de lui lancer un coup d'œil à son passage. Toute cette hypocrisie dont elle était témoin lui donnait le tournis. Une fois avoir pris place, elle commande un plat de Ndolè assaisonné de gambas accompagné des miondos; un plat qui faisait la fierté de son pays et dont elle ne se lassera jamais . La tête plongée dans son téléphone, la jeune femme sentit une présence se glisser dans le fauteuil en face :

- excusez moi ? dit-elle d'un air hautain cette table est prise

A ce moment il leva les yeux vers elle en la regardant avec dédain mais tout ce qu'elle remarqua à l'instant était ses yeux d'un vert clair qui faisait ressortir à la perfection la couleur noire bronzée de sa peau . Sa barbe coupée à la même auteur que ses cheveux lui donnait un aspect à fois autoritaire et doux qu'elle ne sût comment qualifier à cet instant précis , sa bouche rose habillée d'un léger rictus d'énervement lui donnait l'air encore plus beau . Son torse musclé était emprisonné dans un t-shirt blanc qui ne parvenait tout de même pas à cacher sa parfaite musculature . Troublée par ce regard insistant qu'il avait gardé sur elle pendant presque déjà une minute ,Kaitlyn se sentit déglutir. Il la défiait; et ceci elle ne se rendit compte que bien après. Elle ne put s'empêcher de continuer sa description détaillée qu'elle avait entrepris. Soudain il baissa à nouveau la tête sur son téléphone adossé sur sa chaise avec un air nonchalant qui le rendait affreusement beau. Sans rien dire comme si elle n'existait pas , ce regard admiratif que kaitlyn avait sur lui se changea en ce regard sombre qu'elle avait arboré ça faisait déjà quelques années. Il venait de l'ignorer . Ceci ne lui était pas arrivé il y a longtemps ; la pilule avait du mal à passer .

- je vous parle ! Reprit-elle toujours aussi désemparée .
- vous n'avez qu'à partir si ma présence vous dérange. En ce qui me concerne moi je resterai là vu qu'il ya plus de place libre et vous êtes seule sur cette table . Dit-il sans même soulever la tête pour lui accorder un regard.

Sa voix est comme un choc! Quelqu'un pourrait-il être aussi parfait ? se demanda -t-elle intérieurement. Elle le regarda longuement tenter de rester pour continuer à observer ce personnage bizarre qui était en face d'elle mais décida de s'en aller devant autant de non considération envers sa personne de la part d'un homme. On fît monter sa nourriture dans sa chambre dans laquelle elle avait passé le reste de l'après-midi à s'interroger sur ce bel inconnu .

Il connaissait ce genre de femme. Et ne voulait pas avoir à faire à elle. Seule dans les hôtels à la recherche de nouveau pigeon qu'elle pourrait escroquer pour s'offrir une vie de luxe sans travail. Celle qu'il avait ignorée et qui se trouvait devant lui il y a quelques minutes était l'une des plus belles femmes qu'il avait eu à rencontrer tout de même . Sa chevelure paraissait féroce à première vue mais tout à fait docile quand on s'en approchait. Ses long cils soulignaient son regard en faisant ressortir ses yeux de biche pouvant faire céder à tous les caprices qu'elle émettra. Sa bouche pulpeuse en forme de cœur lui faisait plus penser à l'interdît plutôt qu'à un désir auquel il devait succomber . Elle avait un teint ébène qui faisait ressortir ses yeux d'un noir pur lui donnant ainsi un air de femme fatale tout à fait attirant. Sa chemise déboutonnée l'avait laissé voir quelques minimes secondes sa poitrine ronde très exquis à première vue. Mais hélas tout cela n'était pas pour lui.

# Chapitre 3

Ce sentiment de solitude la frappait encore ce soir où elle était couchée seule dans le lit de sa chambre d'hôtel luxueuse . Malheureuse de ne pas ressentir ce que toutes personnes de sa génération pouvais ressentir actuellement; un foyer avec un mari aimant et des enfants. Elle avait rendu visite à sa copine plutôt dans la soirée et s'est pendant des moments pareil qu' elle venait à regretter ses choix de vie . L'amour! oui elle enviait ses gens amoureux qu'elle pouvait croiser le long de ses journées. Des larmes lui montaient aux yeux, ses larmes exprimant la solitude à laquelle elle faisait face la majorité du temps.

Il était 8h du matin lorsqu'elle a fini de prendre sa douche . Les cernes sous ses yeux pouvaient laisser deviner sa nuit difficile. En effet elle avait laissé couler quelques larmes , c'était l'un des rares moments où elle pouvait laisser échapper la frustration de toute la solitude qu' elle essayait de dissimuler à travers son caractère borné. Elle avait décidé de profiter de l'hôtel aujourd'hui. De passer une journée avec elle même à prendre soin d'elle . Elle allait commencer par un peu de sport et puis se rendre au spa de l'hôtel

3 heures plus tard, elle se sentait plus détendue et décida d'enfiler un maillot de bain et de descendre à la piscine de l'hôtel . Une fois à la piscine des lunettes de soleil sur les yeux , une crème solaire en main elle entrepris de retirer sa chemise blanche oversize qui dissimulait son maillot de bain deux pièces de couleur rouge vif . En effet à cette période de l'année les hôtels de Douala était bondé de touristes qui venaient découvrir l'Afrique en ses moments festifs , des hommes d'affaires qui se déplaçait généralement pour conclure des contrats de fins d' année, les gens de la diaspora communément appelé les mbenguistes qui venait rendre visite à leur famille et ainsi fêter les fêtes de fin d'année. La tension sur les lieux était à son paroxysme; tout le monde était tourné vers cette scène des plus sensuelles qui se déroulaient devant leurs yeux . Ce corps dont on aurait dit que les Dieux avaient pris leur temps pour sculpter chaque partie à la main dans une parfaite harmonie . Sa taille fine faisait ressortir le plus délicieusement possible ses hanches rondes et sa poitrine bombée. Sa peau légèrement humidifiée par la chaleur qui émanait de la capitale économique du Cameroun faisait languir plus d'un .

Une fois installée sur son transat sourire aux lèvres satisfaite de l'effet qu'elle venait de procurer à ses pervers elle ouvrit son roman d'amour qu'elle avait commencé à lire plutôt dans la mâtiné lorsque le sommeil la fuyait telle une peste . Au moins ses livres lui permettaient de s'évader de cette prison dorée.

- vous aimez bien faire cet effet là aux gens Nespa ?

Surprise d'entendre cette voix qu'elle reconnaîtrait même parmi des milliers elle eut un léger sursaut mais ne put s'empêcher de se retourner pour regarder ce magnifique apollon qui avait combler son désir visuel pas plus tard qu' hier. Même si la tentation était forte, elle décida tout de même de ne pas répondre, histoire de lui rendre la monnaie de sa pièce. Surpris il se mit à rire , une douce mélodie venait chatouiller ses oreilles . Mais pourquoi riait il ?

- vous ne vous êtes pas remis du vent d'hier ? Ravi de voir que je ne me suis pas fait oublier .

-cherchez donc une autre fille à qui faire votre numéro de charme ,Parce que je ne suis pas intéressé!

-Ah parce que vous croyez que je vous fait un numéro de charme ? Dit il un léger sourire en coin

Elle ne put s'empêcher de le trouver mignon . Lorsque elle baissa un moment son regard vers son torse, elle fut ébahi par un torse aussi bien sculpté, il devait passer énormément d'heure à faire de la musculation pour avoir un aussi beau torse se dit-elle . Mais comment faisait il pour être aussi parfait et avoir un comportement de chien ?

- vous bavez là mademoiselle! Dit-il en souriant .
-quoi? Pardon ? Demanda-t-elle perdu .
- votre bouche ! Elle est ouverte

Elle se renfrogna étonné par un aussi grand manque de tact de son interlocuteur et décida de ne plus lui répondre et de se concentrer sur son livre . Tout cela était enfantin et elle n'avait pas le temps pour cela .

Quelques minutes plus tard, son voisin de transat se mit à grignoter un paquet de chips en faisant un bruit répugnant avec sa bouche . Elle ne peut se contrôler . C'était de trop elle avait besoin de sa tranquillité ce qu'il ne voulait apparemment pas lui donner.

- vous faites exprès ou quoi ?
- je mange c'est tout
- comment vous saviez de quoi je parlais ? Répondit-elle désespérée par autant d' idiotie .
- quoi d'autre?
-Bref pouvez vous faire moins de bruit?
-si vous décidiez de tenir une conversation normale avec moi, peut être que j'arrêterai.
-hier vous étiez tellement désagréable avec moi et aujourd'hui qu'est-ce que vous voulez ?
- rien juste faire connaissance. Vous m'intriguez beaucoup. Hier je vous prenais pour une de ces filles qui se rendent dans des hôtels de luxe à la recherche d'homme pouvant prendre la charge de leur vie bien plus qu'au-dessus de leur moyen . Et peut-être que ma première opinion était la bonne raison pour laquelle je veux plus savoir sur vous .
- vous parvenez à m'insulter tout en faisant l'effort d'être poli monsieur ?
- Christian Mbala, et vous?
- Chewou kaitlyn

Après son mariage, elle avait préféré garder son nom de jeune fille Prétextant vouloir garder son autonomie sociale et son mari Mr Bulgati n'avait pas vu d'inconvénient.

- pour en revenir à ce que vous disiez monsieur Mbala votre opinion sur ma personne ne me dérange le moins du monde mais pourrai je savoir pourquoi  vous pensez cela ?
- vous avez l'air d'une femme hautaine ce qui est tout à fait normal au vu de votre beauté , alors vous vous en servez volontiers et ça je ne saurais vous le reprocher . Mais après j'ai remarqué la marque laissée par votre anneau autour de votre annulaire donc j'en déduis que vous êtes marié. Pourquoi vous la retirez?

En effet Christian était très observateur . Le peu de temps qu'il avait passé à ses côtés cette après midi lui avait permis de faire une analyse minutieuse d'elle et maintenant au fur et à mesure qu'il parlait avec elle  il avait envi de plus connaître sur sa personne . Mais est ce que cette proximité qui s'installe entre eux augure quelque chose de bien?

# Chapitre 4

Elle avait été prise au dépourvu par autant de perspicacité de sa part et décida de partir . Elle n'avait pas de compte à lui rendre donc sa présence n'était plus utile au bord de cette piscine où elle cherchait la tranquillité dont elle n'a pas pu s'affranchir. Notre jeune dame enfila rapidement sa chemise, rangea ses affaires et entreprit de se lever croyant qu'il la laisserait tranquille mais elle n'aura pas ce plaisir une fois de plus . Debout face à elle, la présence de ce tas de muscles était comme une onde sismique qui l' empêchait de se tenir debout . Le cœur battant à la chamade, elle essayait de reprendre ses esprits pour pouvoir mieux se contrôler devant cette présence hypnotique. Ses yeux teintés par les rayons de l'après midi laissait révéler un vert perçant qui ne jouait pas du tout en sa faveur . Mais qu'est-ce qui lui arrivait ? se demanda-t-elle. Jamais elle n'avait permis à quelqu'un de la déstabiliser à ce point, de coutume c'était à elle que revenait ce rôle mais là c'était tout le contraire .

Alors qu'un sourire entamait la commissure de ses lèvres, elle le stoppa net dans son élan .

-vous feriez mieux de me laisser passer. un appel de détresse de ma part ne saurait rester snobé au milieu de ses messieurs qui n'attendent qu'une occasion pour se rapprocher de moi.

La puissance magnétique que cette femme exerçait sur lui le laissait perplexe . Il voulait plus, il avait besoin de plus . Il est vrai qu'elle avait l'air interdite mais il espérait se tromper au plus profond de lui .

-Dîner avec moi kaitlyn. Ce soir!
- vous rêvez j'espère ?
- je vous en prie .
-pourquoi je dînerai avec vous ? Depuis que je vous connais vous n'avez rien fait d'autre à part m'agacer.
- un dîner et puis je vous promets que je ne vous agacerai plus.

Le voir se plier en deux ainsi pour la convaincre était une sorte de victoire pour elle et après l'envi était d'autant plus grande de son côté.

-un dîner et c'est tout !
- ce soir 19h à l'entrée de l'hôtel dit il avec joie
-D'accord et je déteste le retard.
- ne vous inquiétez pas . Maintenant remontez dans votre chambre avant que ses messieurs ne vous bouffent tout cru.

Une fois dans sa chambre un sentiment de joie à l'idée de le revoir tout à l'heure l'animait. Une chose est sûre c'est qu'il la plaisait mais elle ne devait pas oublier une chose primordiale; elle était mariée et il devait maintenant le savoir. Une fois ce petit rappel, toute cette joie s'effondra mais c'est la vie qu' elle avait choisie et elle se devait de l'assumer, elle n'avait pas le droit de s'amuser même si pour cela elle devrait se priver de son propre plaisir .

Une fois 19h arrivé kaitlyn descendit les escaliers de l'hôtel vêtue d'une robe en satin beige qui mariait parfaitement avec son teint basané . Difficile de cacher ses formes angéliques dans ce tissu léger qui caressait de temps en temps sa peau pour laisser entrevoir les courbes de son corps. Chaque brin de ses cheveux crépus relâchés semblait suivre le rythme d'une douce mélodie à chacun de ses pas qui venait être complété par une paire de talons ajustant ainsi sa démarche féline .

Elle était divine se dit-il lorsqu'il la vue. Il avait passé longtemps à éviter ses femmes qui n'en avaient qu'après son argent mais pourrait-il continuer ? A elle il pouvait tout donner et cela sans avoir une once de regret. Notre apollon était lui vêtu d'un pantalon monsieur et d'une chemise blanche qui contrastent parfaitement avec la robe beige de sa partenaire pour la soirée. Sa mâchoire carré lui donnant un air intimidant qui ne pouvait que la ravir Le regard qu'il lui portait était transperçant mais elle ne pouvait pas détourner son regard du sien .

-vous êtes très jolie kaitlyn.
- vous êtes pas mal non plus. Mentit elle.

Il se contenta de sourire et de lui ouvrir la portière . Elle s'engouffra dans la voiture le laissant ainsi humer son parfum des plus attirants . Une chose est sûre c'est qu'elle a du goût . Elle entre dans la voiture de son détracteur et boucle sa ceinture . légèrement intimidée non pas par sa voiture Rolls-Royce Boat Tail qu'il semblait conduire sans se rendre compte de la fortune automobile qu'il avait entre ses mains mais plutôt par les sentiments qui émanent d'elle lorsqu'elle est en sa présence . Elle pouvait sentir sous ses pieds les vibrations puissantes du moteur à chaque fois qu'il accélérait, ce qui pouvait masquer sa respiration trouble. Il gara l'automobile devant un restaurant très chic et pas très fréquenté. C'était parfait pour elle qui avait besoin de discrétion et il était bien conscient de cela même si l'idée ne lui plaisait pas.

Une fois installé et les commandes prises , elle entreprit de faire la conversation:

-Alors? Commença t'elle quand il furent enfin seul avez vous trouvez quelque chose de nouveau lors de votre analyse de ma personne.
-Vous n'avez pas répondu à ma question de cette après midi kaitlyn

Son nom prononcé par une voix aussi douce mais en même temps aussi électrique ne pouvait que lui donner des frissons.

-et c'était quoi votre question? Si je me souviens bien vous avez fait une remarque.
- vous êtes marié?
-oui répondit elle directement ne trouvant pas une raison de mentir
-et pourquoi retirez-vous votre bague ?
-choix personnel je dirai
- Votre mari est-il au courant de ce choix personnel?
- Non Mais cela ne concerne que moi
- vous m'intriguez kaitlyn dit il d'une voix suave

Elle n'avait jamais éprouvé le désir de se confier à quelqu'un mais ce soir oui . C'était juste son amie Rosy qui était au courant de son passé et jusqu'aujourd'hui elle ne trouvait pas d'inconvénient à cela.

-pourquoi avez vous l'air aussi emprisonné? Tout de vous semble appeler à l'aide!
- et vous parlez moi de vous ? Qu'est-ce que vous faites dans la vie si cela n'est pas indiscret .
- je dirige une compagnie de taxi présente dans la plupart des pays d'Afrique.
-Elle est à vous ? Vous avez quel âge ?
- oui elle est à moi et j'ai 28 ans .
- aussi jeune ? Comment avez- vous fait pour réussir aussi vite ?
-On va dire que j'ai eu de la chance . L'insécurité dans la plupart des pays d'Afrique concernant les transports ne se cache pas . Tout ce que j'ai fait c'est créer une application de commande de taxi qui laissait toutes les informations à propos des chauffeurs travaillant en collaboration avec nous au travers de l'application sur la plate-forme ce qui nous permet de le retrouver facilement en cas d'incident . Ensuite j'ai acheté des taxis et les ai mis en circulation ce qui a poussé les autres taxis à adhérer au projet .
- C'est impressionnant ce que vous avez fait .

Le dîner se déroula tranquillement autour de conversations les unes plus constructives que les autres. Entre ses deux personnes qui commençaient déjà à nourrir une attirance l'un pour l'autre, l'avenir semble ne pas vouloir jouer en leur faveur pourtant .

# Chapitre 5

De plus en plus intrigué par ce jeune homme qui était en face d'elle , kaitlyn se retrouva à apprécier ce moment des plus simple qu'elle passait avec celui-ci . Une sensation étrange la saisit, elle ferma les yeux pour réprimer celle-ci mais tout ce qu' elle parvient à faire c'est de se rendre compte du piège qui venait de se refermer sur elle. Elle devait être comme ses filles qui étaient à ses pieds , des filles aussi vulgaires qu'intéressées. Certes elle aussi était pour la plupart du temps attiré par le potentiel économique des hommes qu'elle avait eu à fréquenter mais cette fois ci c'était différent et elle le ressentait.

Le dîner s'est terminé dans un calme pesant sans doute du au changement d'humeur brutal de la jeune femme mais lui n'en avais pas fini avec elle.

Une fois dans la voiture ils étaient censés rentrer directement à leur hôtel où il devait se séparer et ne plus jamais se revoir mais la voiture prit une direction autre que celle indiquée pour retourner à l'hôtel.
-ou allez vous ? Dit elle en se retournant pour le regarder
-vous croyiez que cette soirée devait se terminer comme ça?
- eh bien oui! C'est ce que je pensais.
-je vous emmène dans un endroit magique . Vous m'en donnerez des nouvelles

Elle n'insista pas et se laissa faire . Quelques minutes plus tard, la voiture fait son entrée dans un jardin des plus paradisiaque. A peine la voiture acheva sa course, à peine notre féroce jeune dame sauta hors de celle-ci. Elle était ébahi par autant de beauté . Elle se trouve dans une étendue bordée de fleurs plantées dans un ordre agréable. Des rosiers de couleur rouge formait un couloir menant à une petite parcelle de terrain cette fois ci entouré par des rosiers de couleurs blanches . C'était ses deux couleurs préférées et ceci lui faisait encore plus plaisir . Sur le gazon reposait des petites lampes qui projettent la lumière en diagonale donnant encore un effet encore plus apaisant à cet endroit . Au milieu trônait une fontaine qui faisait couler de l'eau et dont le son donnait une parfaite harmonie avec le son des insectes de la nuit. Elle fut arrêtée dans sa contemplation par son détracteur qui posa une main sur sa hanche gauche pour l'inviter à se retourner vers lui. Kaitlyn eut l'impression d'être privée d'air. Les yeux perçant de celui qui se trouvait en face d'elle semblait vouloir lire au plus profond de son âme . Le plus troublant c'est que elle ne recula pas, elle avait besoin de se confier, elle avait besoin de se libérer du poids de toutes ses années. D'un coup elle s'assit sur le gazon donnant l'impression d'avoir été taillé minutieusement par les mains d'un ange. Il ne posa pas de question et s'assit à ses côtés sans dire un mot.

-Lorsque j'étais petite, ma famille et moi vivions dans la ville de Dschang à l'ouest Cameroun . Mon père était un homme très respecté connu de tous pour sa gentillesse et son grand cœur. J'étais fille unique à mes parents . Mon père s'assurait toujours que je ne manquais jamais rien et il me donnait tout l'amour dont j'avais besoin et ma mère était heureuse. Le seul problème que nous avions était le fait que ma mère ne parvenait plus à faire d'enfant à mon père encore moins un fils . La famille de mon père commençait à s'en mêler, traitant ma mère de stérile et de sorcière à chaque occasion. Mon père lui même étant originaire de l'ouest mais ma mère de l'est leur mariage tout d'abord n'a pas reçu l'approbation de tout le monde.la famille de mon père voulait qu'il épouse une femme de son village plus précisément Bamileke de Dschang mais il était tombé amoureux de ma mère et avait décidé de l'épouser peut importe ce que sa famille pouvait dire . Certes mon père n'était pas l'un des hommes les plus riches mais on parvenait à vivre et on mangeait à notre faim . Il tenait une ferme d'élevage de porc et était l'un des plus grands fournisseurs en viande porcine de la ville . Mais un jour, lorsque je suis rentré de l'école, je trouvai ma mère et mes tantes en train de pleurer et en prononçant des paroles mortuaires. A ce moment précis j'ai cru que tous s'arrêtaient , j'avais l'impression que mon monde s'écroulait . Le regard de ma mère ce jour suffit à me dire ce qui c'était passé. Mon père venait de mourir dans un accident de voiture .

Sentant les larmes pointées leur nez, elle s'arrêta une seconde pour reprendre son souffle . Tandis que son compagnon assis juste à côté d'elle attendait patiemment qu'elle continue à compter son histoire .

-Il était mort! Mon père est mort et c'est là que le début de notre galère commença. La famille de mon père a pris tous les biens de mon père, même la maison qu'il avait construite et qu'il me répétait chaque jour qu'elle était à moi. Je n'avais que 11 ans et j'étais déjà sans domicile fixe. Tu t'en rends compte ? Ma mère et moi avions décidé de rentrer dans la ville de Yaoundé où elle avait vécu avec sa famille. On vivait sans une petite chambre tellement délabrée que pendant les saisons de pluies on avait de la peine à dormir de peur que tout s'écroule. C'était un camp de cinq chambres aussi pitoyables les unes que les autres et qui partageait les mêmes toilettes communes externes. On n'a vécu ainsi pendant 3 ans et c'était avec peine qu' on parvenait à manger , à payer le loyer et à payer ma pension. Je voulais arrêter l'école mais ma mère ne voulait pas . Elle me disait toujours de travailler dur pour fréquenter et que si elle avait été assez consciente pour fréquenter lorsqu' elle était jeune on ne devait sûrement pas être dans cette situation. La fin de cette troisième année arriva et j'avais réussi à passer mon Brevet d'Etude du Premier Cycle. Ma mère était tellement contente qu' elle décida de nous emmener manger du poisson braisé avec l'argent qu' elle avait gagné en faisant la Boniche chez des gens fortunés. Durant cette soirée elle rencontra un monsieur qui lui avait fait des avances et a même payé nos plats ce soir-là. Ma mère était une belle femme très belle Mais les épreuves de la vie lui avait volé sa beauté d'antan . 3 mois plus tard, ma mère épousa ce monsieur. Certes c'était rapide mais selon elle c'était le coup de main dont on avait besoin et en plus de cela l'idée d'avoir un nouveau père n'était pas pour me déplaire. Les premiers mois tout était redevenu parfait pour nous, la pression de la vie était moins forte sur nos dos je parvenais à mieux me concentrer sur mes études et je faisais moins l'objet de moquerie à l'école j'avais de nouvelle chaussure, une nouvelle tenue, de nouvel habit. Mais le conte de fée n'a pas tardé à se transformer en enfer . Il a commencé à battre ma mère, à rentrer saoul chaque soir et à nous crier dessus, à traiter ma mère de femme usé. J'ai essayé de la convaincre de s'en aller mais elle ne voulait et répétait toujours que parfois dans la vie il fallait souffrir pour se sentir bien mais à quel prix ? Un soir ma mère était partie à la veillée d'un membre de sa famille qui était mort. Ma chambre était en face de la leur .

Les larmes qu'elle tentait de refouler tant bien que mal trouva un chemin pour se retrouver sur les joues de la jeune femme.

-vous pouvez arrêter si vous voulez kaitlyn.
- non je veux terminer! Laissez-moi terminer!

Elle reprit son souffle une minute sous le regard pesant de son voisin.

-ce soir là j'étais endormi lorsque je sentis un poids au-dessus de moi accompagné par une odeur alcoolisée. Effrayé j'ai sursauté ne comprenant pas très bien ce qui se passait jusqu'au moment où je l'ai vu retirer sa ceinture . Malgré tous mes cris et supplice il ne s'est pas arrêté et c'est ainsi qu'il prit un geste brutal autant physiquement que moralement mon bijou le plus cher.

Il l'a pris dans ses bras caressant son dos en guise de réconfort. Mais lui-même n'arrivait pas à contrôler la haine qui s'échappait de lui à l'entente d'autant de cruauté de la part de la personne humaine.

-il m'a menacé de ne rien dire et bien sûr je n'ai rien dit. J'étais une petite fille naïve ne voulant que faire durer le bonheur de sa mère. Mais il a recommencé une fois, puis deux et ainsi de suite. Un soir, lorsqu'il était venu accomplir sa besogne, ma mère fut alertée par les sanglots venant de ma chambre et c'est là où elle le surprit . Lors d'une bagarre pour me défendre contre se monstre je perdis ma mère .

Elle éclata encore plus en sanglots lors de la remémoration de ce souvenir douloureux qu'elle avait tenté tant bien que mal d'enfouir au plus profond elle mais c'était impossible.

-J'ai tué ma mère Christian dit elle encore en sanglotant de plus belle

# Chapitre 6

Christian ne cessait de marcher comme un lion en cage dans sa chambre d'hôtel éclairée par le seul reflet de la lune. La mâchoire crispée et un verre de whisky en main, il cherchait un moyen de calmer ses ardeurs. Il sentait encore tous les muscles de son corps trembler à cause de toute la colère qu'il avait ressenti à la suite de ce qu'il venait de découvrir à propos de son interdite. Elle avait souffert et cela l'exaspérait au plus haut point. Pourquoi? Il n'en savait rien. En règle générale Christian ne ressentait jamais de sentiments d'empathie mais cette fois-ci il ne put y échapper. Son histoire l'avait touchée et il ne souhaitait même pas à son pire ennemi de vivre ça. Il ressentait l'envie de la couver, de la protéger de tout danger. Si elle était à lui, il la traiterait comme une reine,se dit-il mais hélas cela n'arrivera pas.

Lui-même n'ayant pas eu l'occasion de connaître son père, il n'avait jamais connu la souffrance. Il avait vécu avec sa mère uniquement et n'avait pas connu son père; certes il n'avait pas eu une enfance chargé de souvenir joviale comme les autres mais il n'avait manqué de rien auprès de sa mère qui travaillait comme secrétaire dans un cabinet d'avocat réputé du pays. Son père avait refusé d'assumer ses responsabilités, même si parfois il s'était retrouvé à manquer d'un amour paternel, il avait tout de même réussi à s'en passer toutes ses années. Aujourd'hui grâce à lui et à la chance qu'il avait eu concernant son application de transport assistée il avait réussi à combler sa mère avec autant de luxe dont elle avait besoin . C'était sa seule famille, elle s'était occupée de lui toute sa vie maintenant c'est à son tour de se reposer.

Après son récit, Kaitlyn était tellement anéantie et inconsolable qu'il avait dû la ramener directement à l'hôtel pour qu'elle puisse se reposer. Il aurait souhaité l'accompagner, la bercer, caresser sa peau si douce que du coton pour lui permettre de s'en remettre et mieux s'abandonner dans les bras de Morphée . Il ne pouvait rien faire pour effacer ce qu'elle avait vécu mais voulu l'aider à surmonter cela; la seule question était comment allait-il faire ça?Il descendit à la réception de l'hôtel pour pouvoir avoir le numéro de la chambre de kaitlyn ce qu'il fut sans bien de mal à cause de l'effet qu'il provoque sur les hôtesses présentes. Il était conscient de son charme et n'hésitait pas à s'en servir sur la gente féminine.

Elle entendit un son lointain venant de la porte mais n'y prêta pas grande attention. Elle s'était affalée sur son lit avec les mêmes vêtements qu'elle avait plutôt dans la soirée. Les yeux bouffies et rouges à cause de la quantité de larme qu'elle avait produite en moins de 2h. Elle croyait être guéri de toutes ses blessures mais elle se trompait, la plaie était toujours aussi humide et elle ne sait pas si cela réussirait à cicatriser un jour. Un autre coup se fit entendre à la porte et puis un troisième ensuite un quatrième; des coups qui se faisaient de plus en plus insistants. Agacée, elle ouvrit la porte brutalement dans le but de renvoyer la personne aussi cruellement que possible mais fut ralentie dans son élan à la vue de qui se plaçait devant sa porte.

-qu'est-ce que vous faites là ?
-je m'inquiétais! Je peux entrer ?

Avant même qu'elle ne puisse répondre, il la poussa et pénétra dans l'enceinte comme s' il connaissait déjà les lieux.

-vous êtes dans un sal état kaitlyn. Vous allez finir par avoir une migraine.
-merci pour votre charme répondit elle avec sarcasme
-je vais vous faire couler un bain
-pourquoi voulez-vous m'aidez?
- votre histoire m'a touchée et je n'ai pas pu m'empêcher de venir vérifier si vous allez bien. Et à ce que je vois j'ai eu raison de venir.

Après cela il s'engouffra dans la salle de bain de la jeune femme où il coula un bain chaud et l'invita aller s'y installer.

-je serai ici quand vous finirez . Prenez votre temps.

Elle entra sans discuter et s'enfonça dans ce bain fait à base d'eau chaude qui contribua à faire descendre la pression qui se trouve dans chaque parcelle de son corps si fin.

Elle le faisait penser à un ange qui avait perdu ses ailes et sans lesquelles il ne pouvait s'affranchir du rôle qui lui avait été confié. Il voulait l'aider à retrouver ses ailes mais est ce qu' elle le laisserait faire ? Cela il en doutait mais il comptait bien tenter sa chance.
Trente minutes plus tard, elle sortit de la douche muni d'un pegnoir blanc et les cheveux mouillés. Elle était magnifique. Il avait envie de les toucher. Il se mit debout et d'un long pas il combla l'espace qui se trouvait entre eux. Elle frémit et sa respiration devint de plus en plus rapide. Il passa sa main dans sa chevelure qui paraissait sauvage de loin mais si douce au toucher. Le cœur de la jeune femme se mit à s'emballer si vite que son visage en devint brûlant . Il la regardait mais elle pouvait se rendre compte que son regard sur elle avait changé depuis tout à l'heure . Il ressentait de la pitié envers elle et c'est cela qu'elle avait voulu éviter en ne racontant pas son histoire. Les doigts de Christian continuent de parcourir son exploration dans ses cheveux. Elle pouvait sentir son toucher sur sa nuque et cela lui donnait des frissons dans le ventre qui bientôt irradia dans tout son corps. Il cessa tout ses mouvements d'un coup comme s' il venait de se rendre compte de l'erreur qu'il comptait faire.

-allez vous habillez. Dit il d'un ton autoritaire

Christian tentait de ravaler ses pulsions qui, de plus en plus, naissait en lui de manière incontrôlable. Il faisait face à une situation à laquelle il n'avait jamais été exposé auparavant . Il était incontestablement attiré par elle mais elle appartenait déjà à quelqu'un .

# Chapitre 7:

Une fois séché et habillé, elle revint prendre sa place sur le lit en face duquel il avait tiré une chaise pour s'asseoir proche de celui-ci. Il lui sert une tasse de thé qu'il avait fait monter quelques minutes plus tôt.
Assise en position du moine sur son lit, elle sirotait son thé en silence.

-vous vous sentez mieux kaitlyn? Dit il d'une douceur qu'elle ne connaissait pas.
-oui je me sens mieux merci. J'aimerai qu'on ne parle plus de ce que je vous ai raconté ce soir.
-pourtant il le faut. Vous luttez, vous êtes triste mais essayer de le dissimuler derrière votre comportement de femme indépendante et forte. Vous êtes cassée de l'intérieur et pour guérir vous avez besoin de l'accepter.

Elle devint livide à l'entente de ses paroles qui sonnait tellement cru à ses oreilles. Il demeurait stoïque, dépourvu de toute émotion à la vue de son visage décomposé. Il se devait d'être dur pour qu'elle comprenne .

-ce n'est pas un reproche mais seulement une triste constatation que vous vous devez d'accepter ajouta t'il sur un ton moins dur je suis navré profondément navré même pour ce qui vous ai arrivé. Mais c'est arrivé et la vie continue, vous devez vous soigner et pour cela il vous faut affronter votre passé.
-comme vous l'avez bien dit ce qui est arrivé est arrivé et je me dois d'avancer et c'est ce que j'ai fais durant toute ses années. Je ne suis pas une petite chose cassable et je sais très bien comment prendre soin de moi, dit-elle sur la défensive.
-je n'en disconviens pas kaitlyn mais parfois il y'a des étapes trop lourdes que vous traversez qui vous poussent à changer et c'est ce qui se passe avec vous.détournez le regard pour mieux affronter le passé est souvent une bonne chose mais enfouir ce passé au plus profond de soi et le laisser nous dicter nos choix avenir n'est pas forcément une bonne chose. Expliqua t il d'une voix glaciale .

De sa hauteur il l'observa avec des yeux marqués de colère qu'il tentait de contrôler en vain.

-le suicide est un terrible fléau qui mine notre société. Le manque de communication, les épreuves difficiles, pensez pouvoir guérir seul , vouloir guérir seul sans l'aide de personne sont autant de chose qui peut conduire au suicide. On se croit plus fort, capable d'affronter toute les épreuves de la vie sans l'aide de personne mais c'est faux et vous devez le savoir.

Il leva subitement sa main et saisit son menton . La quantité de frisson qui la traversa à ce moment était semblable à un spasme qui secouait des régions entières. Elle était faible devant lui et elle ne voulait pas paraître faible devant qui que ce soit mais avec lui c'était impossible.

-Dans votre cas vous êtes seul, personne avec qui parler. En ce qui concerne votre mari je n'en sais rien mais je suppose que si vous retirez votre bague ainsi sans aucun scrupule c'est que vous ne devez pas être aussi proche . Laissez-moi vous aider kaitlyn dit il enfin.

En effet elle avait épousé celui-ci juste pour sa fortune et à part les quelques relations sexuelles aussi ennuyeuses les unes que les autres qu'il avait eu il ne partageait rien d'autre à part les affaires. Pour elle le sexe était un moyen que les hommes utilisaient pour satisfaire leur pulsion animale alors elle s'en servait donc pour arriver à ses fins. Jamais elle n'avait ressenti du plaisir pendant cet acte et ça n'allait jamais changer.

-A quoi bon donner sa confiance si cela ne vaut rien à celui qui l'obtient?

Le regard froid, il laissa son regard balayer cette être fragile qui était en face de lui en exerçant plus de pression sur son menton. Pendant un moment elle fut effrayée et il le remarqua.

-seriez vous prêt à me donner votre confiance jeune et délicate kaitlyn?
-Pourquoi? Pourquoi seriez vous prêtes à aider une femme que vous avez rencontrez la veille et de plus marié?

Lui-même ne savait pas quoi répondre à cette question mais cela l'importait peu . Il rapprocha son visage du sien à tel point qu' elle parvenait à sentir son souffle mentholé sur son visage. Sa main se crispa autour de la petite cuillère qu'elle utilisait pour tourner son thé . Un silence froid s'installa dans la pièce rendant le moment encore plus gênant qu'il ne l'était déjà. Elle ne connaissait rien sur lui pourtant en l'espace d'une journée elle s'était ouverte à lui comme jamais auparavant.Il était mystérieux et cela le rendait encore plus attractif.

-je crois que vous en valez la peine même si vous ne le croyez pas dit il en s'éloignant d'elle et en lâchant son menton .
Jamais quelqu'un ne s'était intéressé à son bien autre auparavant comme lui. Certes cela n'était pas approprié mais il avait raison, elle avait besoin d'aide . Elle avait essayé de nier la réalité trop longtemps : elle se devait de guérir.

-comment comptez- vous vous y prendre?

-je suppose que vous vivez à Yaoundé si vous restez dans un hôtel ici .
-oui et vous aussi?
-C'est cela . Pouvez vous restez ici une semaine de plus? Cela sera mieux pour commencer le processus pour un début.
-non je regrette. J'ai une entreprise à diriger là-bas. Je ne peux pas la laisser ainsi.

-vous avez bien quelqu'un qui peut la gérer pendant que vous n'êtes pas.

Elle réfléchit une seconde et décida de s'accorder quand même une semaine de vacance. Elle appellera son mari le lendemain pour lui dire qu'elle restait un peu plus longtemps. L'infirmière pouvait bien s'occuper de lui le temps qu'elle n'était pas là . En fait, son mari souffrait d'une insuffisance cardiaque gauche et son débit sanguin n'était pas suffisant pour permettre de combler les besoins de tous son corps en oxygène.

-C'est d'accord! Et vous ? Vous ne travaillez pas ?
-je peux travailler à distance . A partir de demain réservez moi toute vos journées.

Il ébaucha un sourire en coin ce qui la fit lever les yeux au ciel. Ceci marqua le début d'une relation profonde mais aussi très dangereuse.
Il quitta sa chambre une fois qu'elle s'était endormie tout en pensant à comment cette semaine qui s'annonçait devait se passer.

# Chapitre 8:

Le lendemain, il affichait 11h à sa montre lorsqu'elle se leva. La journée de la vieille avait été épuisante et riche en émotion. Elle était censée rentrer ce dimanche à Yaoundé. C'est à ce moment qu'elle se rappela qu'elle devait appeler son époux. Kaitlyn saisit son téléphone et composa le numéro de celui-ci qui décrocha à la troisième sonnerie et sa voix éraillée par ses longues années de vie résonna dans la pièce.

-Bonjour ma Chérie! Alors déjà en route ?
-bonjour mon amour! Justement c'était par rapport à cela que je t'appellais. Je vais être obligé de rester ici toute la semaine.
-quoi? mais pourquoi?
-J'ai rencontré quelques problèmes avec ma comptabilité ici et il faut que je règle le problème avant de m'en aller, mentit -elle .

-Tu as besoin que je te fasse venir un expert?
-non mon Chéri c'est bon j'en ai déjà un ici . Tu me manques énormément. Tu vas mieux et ta santé ?
-Tu me manque aussi . Oui je vais bien mais reviens moi vite.
- D'accord mon amour. Je t'appelle ce soir.

Après avoir raccroché, elle se leva pour aller prendre son bain mais remarqua un bout de papier plié devant sa porte.

J'espère de tout cœur que vous avez bien dormi ma belle et fragile kaitlyn. Prenez votre bain et rejoignez-moi au restaurant de l'hôtel. La journée va être longue, prenez le nécessaire .

Christian : )

Elle sentit son cœur s'emballer à la lecture de ce mot si banal mais à la fois si plaisant à lire. Qu'allait il faire aujourd'hui? Elle n'en savait rien mais ressentait un mélange d'excitation et d'appréhension.
Après avoir pris sa douche, c'est à ce moment qu'elle se rendit compte qu'elle n'avait pas pris assez d'affaires et allait bientôt en manquer. Vêtu d'une robe avec des imprimés africain qui s'arrêtait à quelque centimètre de ses cuisses en dessinant à la perfection ses formes généreuses, elle lança sur son épaule un petit sac noir qui pouvait contenir tout ce dont elle devait avoir besoin durant la journée sans oublié de glisser un peu de liquide dans son sac .une paire de talons pas très hauts au pieds afin de rajouter un peu de glamour à sa tenu et elle était enfin prête .

bientôt 2h qu'il était assis dans ce restaurant à siroter des cafés . Avait-elle changé d'avis ? Il s'impatientait déjà et au moment où il voulait s'en aller, l' objet de ses tourments incessants fit son entrée dans l'habitacle. Le charme de cette femme le laissait toujours autant ébahi. Comment faisait-elle pour être à la fois aussi sexy et aussi classe sans toutefois paraître vulgaire? Le regard de tous ses hommes sur elle lui donnait le tourni ajouté au mouvement que faisaient ses hanches à chacun de ses pas il croyait devenir fou . Il sût qu'il n'allait pas résister très longtemps à cet interdit qui se présentait devant lui à cet instant .

-Bonjour! Je suis désolé ... j'ai pris un peu de temps pour me réveiller .
-c'est normal. Je ne vous en veux pas . Vous vous êtes bien reposé ?
-oui merci et vous ?
-je ne me plains pas. Alors vous êtes prêtes pour cette journée?
-oui mais faudrait d'abord que je passe m'acheter quelques vêtements sinon bientôt je serai obligé de marcher nu.

À l'entente de se terme il frémit. Chaque fois qu'il posait les yeux sur son corps, il avait envie de lui faire connaître toutes les sensations de plaisirs qu'elle pouvait ressentir et dont elle semblait ne jamais avoir vécu lors de ses relations précédentes. Cette jeune femme demandait à être sauvé , son corps à être libre. La douleur, la peur d'être sauvée , le dégoût de la vie , la perte de l'envi du bonheur étaient tout ce qu'il voyait dans ses yeux lorsqu'il les regardait.

-d'accord je connais une boutique qui vous conviendra. Allons y dit il en se levant. Il saisit sa main dans la sienne pour la conduire vers la sortie.

Elle se surprit à fermer les yeux et à apprécier ce moment des plus simple. Sa respiration qui avait toujours été délicate semblait connaître un pic montant de rapidité depuis qu' elle l'avait connue. Qu'est qui se passait ? Pourquoi tout cela est arrivé maintenant ?

Il lui ouvre la portière et l'invite à s'installer à l'intérieur. Quelques minutes plus tard, la voiture se gara devant une boutique très grande et luxueuse. Elle pouvait non seulement se ravitailler en vêtements mais aussi en chaussures et sous-vêtements au même endroit. Il lui avait donné des avis sur certains de ses choix qu'elle avait écoutés avec peine. Au moment où elle voulait payer, il la stoppa dans son élan et régla la facture à sa place.

-pourquoi avez-vous payé ? Demanda t'elle une fois dans le véhicule
- C'est moi qui vous a poussé à rester ici une semaine de plus donc je me devais de payer.
-ce n'était pas nécessaire je ne manque de rien.
-néanmoins je devais le faire kaitlyn dit il sur un ton autoritaire
- après ne vous avisez plus de me traiter d'opportunistes je vous préviens. Dit-elle sur le même ton que lui.

Il aimait sa fougue. C'était l'une des choses qui l'attirait sur elle.

-si vous continuez à me parler comme ça je ne pourrais pas résister encore longtemps.

Il l'avait dit sans réfléchir. Il se surprit à l'imaginer sourire irradié d'orgasme qui allait lui faire ressentir des sensations qu'elle semblait ignorer jusqu'ici. Comment allait-il se sortir de cette situation? Son regard seule suffisait à l'achever mais ça elle ne le savait pas . Il démarre tout simplement le véhicule pour se rendre à leur prochaine destination

Il se gara devant un grand bâtiment et lui fit signe de sortir de la voiture. Une fois à l'intérieur, il fait un geste de tête au concierge de l'immeuble en signe de salutation et invite sa partenaire à pénétrer dans l' ascenseur où il entre le dernier niveau de l'immeuble. L' ascenseur s'ouvrît dans un magnifique appartement moderne totalement paint en blanc et qui mariat parfaitement avec la couleur maronne du parquet. Une grande surface vitrée donnait un éclairage des plus naturel à la pièce qui devait être la salle de séjour. L'appartement n'était pas encore aménagé .

-Il est à vous cet appartement? demanda t'elle c'est très beau !

-Ravi que ça vous plaise. Je viens de l'acheter. J'ai l'intention de m'installer définitivement dans cette ville. Donc ça sera le nouveau chez moi ici et nous allons le décorer cette semaine. Je vous laisse complètement carte blanche.

Elle écarquilla les yeux surprise mais excité par ce qu'il venait de dire

-Vraiment? vous me laisserez décorez votre appartement? dit elle ne tenant presque plus sûr place

Il fut amusé devant sa mine enfantine.

-oui c'est ce que j'ai dis. On commencera demain. Par contre, il vous faudra mettre des tenues plus confortables parce qu' on fera tout nous-même.

Elle leva les yeux au ciel à la suite de ses paroles Mais continua la minute d'après la contemplation de l'endroit qui allait être l'objet de ses désirs créatifs les plus fous . Tout d'un coup il se retourna et alla brancher son téléphone sur les baffles présent dans la pièce et quelques secondes plus tard c'est une musique de Nesly en feat avec Gadji Celi <<envi d'amour>>qui résonnait dans la pièce. Il s'avança vers elle d'une démarche prédateur et lui tendit sa main en guise d'invitation.
-voulez-vous bien danser avec moi kaitlyn ?

# Chapitre 9

Son cœur Martelait ses tempes alors qu'elle essayait de reprendre son esprit devant cette soudaine demande. Elle regarda sa main avec hésitation mais finit par glisser la sienne dans la paume de la main de son partenaire. D'un geste il la rapprocha de lui, la collant ainsi à son buste et posa son autre main libre sur sa hanche gauche. Ce contact chaud suffit à la détendre . Il entraîne sa belle dans des pas de danse qui suivent parfaitement le rythme de la musique. Ce moment était divin. Jamais on s'était comportés avec elle de cette manière. Tout les hommes qui s'étaient rapprochés d'elle auparavant n'avait qu'un seul objectif LE SEXE. Alors le voir se comporter ainsi faisait naître en elle des sentiments qu'elle n'avait jamais connus.
Lorsque la musique s'arrêta, il s'assit à main le sol l'entraînant avec lui sa chute .

-il faut qu'on termine notre conversation d'hier si vous le voulez bien et si vous êtes prêtes?
-vous voulez savoir quoi d'autre ? Je vous ai tout dit . Répondit elle le regarde vide
-qu'est-ce qui s'est passé après la mort de votre mère ?

-les voisins alertés par les cris se sont précipités chez nous et on constaté les faits. Il a été arrêté pour viol et meurtre mais ma mère se retrouvait sous terre. Une cousine à ma mère m'a prise chez elle mais me traitait plus comme une aide ménagère que comme sa fille mais au moins elle payait mes études. Après mon bac à l'âge de 17 ans je n'avais plus assez de moyens pour continuer l'école donc j'ai arrêté. De plus en plus consciente de ce que ma beauté pouvait faire aux hommes j'ai décidé de m'en servir pour évoluer; c'est ainsi qu'à 19 ans j'ai quitté la maison pour m'abandonner à la vie . Après cela j'ai vécu grâce aux sommes exorbitantes que les hommes était prêt à dépenser pour moi à cause de ma beauté. Il aimait avoir une belle femme à leur bras quand il sortait et j'étais là. Un jour, lorsque j'étais dans un restaurant, j'ai rencontré mon mari en sortant de celui-ci . Il avait 67 ans et moi 22 ans. Il était riche avec des relations et en plus sans enfants, certes un peu vieux mais c'était le parti idéal pour moi et le seul moyen pour sortir de ce rôle infernal que les hommes me donnaient. Il m'a payé des formations pour l'aider à gérer son entreprise et m'a aidé à ouvrir le plus rapidement possible la pharmacie que je possède actuellement et c'est ainsi qu' à l'âge de 23 ans on s'est marié et quelques mois après on l'a diagnostiqué une insuffisance cardiaque. Aujourd'hui je gère mes affaires en plus des miennes. Ce que je vais dire est cruel mais ce sont les faits. Cette maladie qui l' assaille est peut être la récompense après toute cette souffrance que le destin a réservé pour moi. Actuellement j'attends juste qu'il meurt pour pouvoir hériter de sa fortune. Voilà vous savez tout sur moi.

Chaque fois qu'elle devait parler de sa vie, kaitlyn ressentait une importante douleur entaillée un peu plus son estomac. Elle décela une colère dans ses yeux . Peut-être venait-il de se rendre compte du genre de personne qu'elle était . Elle ne lui en voulait point en plus elle savait très bien qu'il ne resterait pas longtemps.

Certes il était en colère mais pas contre elle. Il était en colère contre la société, cette société qui, divisée, permettait au camp des personnes les plus fortunées de s'imposer sur les autres sans aucun remord. Les Hommes n'étaient-ils pas tous égaux? L'injustice dont faisait face une partie de cette société était cruelle et il se demandait si cette situation allait durer longtemps.

-qu'est-ce que vous ressentez aujourd'hui après tout ce qui vous est arrivé? Faites moi part de vos sentiments sans aucun voile.

Elle le regardait tout d'abord étonné par sa question, ensuite par le ton amène qu'il avait utilisé pour lui poser cette question. Qu'est ce qu'elle ressentait ? elle n'en savait rien.

-je ne sais pas ce que je ressens pour vous dire vrai.
-vous devez le savoir. Parlez-moi! C'est la première étape de votre guérison . Vous devez reconnaître que vous allez mal.
-en réalité je ne ressens plus rien. Je me sens détruite de l'intérieur. Personne pour entendre mes cris de détresse. Des nuits je rêve d'en finir. J'en suis à me demander parfois ce qu'une pauvre orpheline apporterait de plus à ce monde. Depuis que je suis vivante je n'ai fait que souffrir et faire souffrir les gens que j'aime , peut être ma place n'est pas ici mais ailleurs. Et si ma mère est morte aujourd'hui c'est de ma faute j'aurai dû m'en aller.

A cette dernière phrase sa voix se brisa. Elle était perdue, il se devait de l'aider. Il s'agenouilla devant elle et prit son visage en coupe dans sa main.

-écoute-moi bien ! A partir d'aujourd'hui je suis là pour toi. Je serai ton confident. Maintenant tu auras une épaule sur laquelle pleurer et confier tes peurs les plus sombres et je t'aiderai à surmonter tout cela. Quoi qu'il en soit et quoi qu'il arrive je serai toujours là pour toi et je t'aiderai à retrouver toutes les émotions que tu avais perdu . Est ce que tu m'entends?

A ce moment, il ne savait pas ce que cette promesse signifiait. Mais celle-ci allait être la cible d'événements futurs qui allaient la rendre difficile à tenir.

Réconforté par ce qu'il venait de lui dire, elle hocha de la tête. Il essuya les larmes qui ruisselaient sur son visage d'un geste de la main et la prit dans ses bras. Il se sentait anéanti de la voir comme ça. Il voulait l'aider à être libre; ça allait être difficile mais il emploierait toutes les méthodes pour l'aider.

Tout avait été rapide mais en révélant son secret à Christian elle sentait un poids lourd quitté ses épaules et savait qu'après cela un nouveau chapitre de sa vie venait de s'ouvrir.

Couchée sur son lit, elle essayait de se remémorer la journée qu'elle venait de passer et les sentiments qu'elle avait pu ressentir en présence de Christian. Alors elle fut prise d' une bouffée de chaleur qu'elle crut d'abord être dû à toutes les émotions passées qu'elle avait ravivées pendant cette journée mais Kaitlyn comprit après quelques minutes qu' il s'agissait de quelque chose beaucoup plus fort que ça. Plongée dans le noir elle se leva brusquement le corps parcouru par des spasmes. Elle se passa la main dans les cheveux pour se calmer. Cette sensation qu'elle ressentait était tout aussi agréable que difficile à comprendre. C'est ce qu'elle pensait avant que son esprit s'abandonne à des images qui rendait l'intensité de ses spasmes encore plus fort. Elle espérait alors au plus profond d'elle que ses images qu'elle créait de toutes pièces dans son esprit se réaliseraient un jour.

# Chapitre 10:

Le lendemain ils devaient aller acheter le nécessaire pour décorer et équiper la maison. La journée allait être longue mais l'idée de décorer sa maison l'excitait toujours autant. A 7h30 elle était déjà assise au restaurant de l'hôtel habillé d'un simple jean et d'un bodysuit noir démembré le tout accompagné d'une tennis. Elle en portait très rarement mais devait avouer qu'ils étaient plus confortables que ses talons qu'elle portait de coutume.
Elle déguste son thé lorsqu'il fait son entrée. Il ne cacha pas sa surprise de la voir déjà ici à l'attendre.

-Mais qu'est ce que tu fais là ? Tu vas bien? Il ne fait pas un peu tôt pour toi?

Elle fut d'abord étonné par son tutoiement avant de se rappeler de la veille où il lui avait fait cette promesse d'être toujours là pour elle.

-Bonjour à toi aussi. Dit-elle en le toisant et en portant de nouveau sa tasse à ses lèvres.

Il émit un bref rire mais qui suffit à faire chavirer le cœur de notre héroïne.

-Bonjour. Alors on n'y va pas? On va avoir une journée longue. Tu as fait une liste de ce que tu veux .
-oui dit-elle un grand sourire au lèvre.

La journée fut longue. Il avait fait des achats pour décorer la future maison pendant toute la journée. Elle avait des goûts très pointilleux ce qui leur avait valu plusieurs détours mais elle était fière de ses choix et imaginait déjà comment elle allait tout disposer. En rentrant ils s'arrêtèrent dans un restaurant qui servait exclusivement des mets africains fatigués de la nourriture occidentale qu'on servait à leur hôtel. Elle avait pris un plat de gombo garni de crabe accompagné d'un pain de manioc appelé foufou et lui pris un plat de macabo pilé accompagné de légumes sautés aux crevettes.

-Alors tu as aimé la journée?
-J'ai adoré merci! dit-elle d'une voix douce.
- j' en suis ravi. Le but de cet exercice était de te faire comprendre que les choix que tu fais dans ta vie ne doivent être dirigés que par toi-même . Tu es libre, tu as le droit de te souhaiter le meilleur. Je voudrais que tu sois aussi pointilleuse dans ta vie que tu l'as été aujourd'hui en faisant tes choix. Lorsque tu n'as pas trouvé ce qui te convient, tu as cherché de nouveau. Alors c'est ce que je veux que tu fasses dans ta vie à l'avenir. Ne te laissez pas convaincre ni détournez par personne, même pas par moi. Tu es la seule à être maîtresse de toi. Tout ce que je te demande c'est d'être l'actrice de ta propre histoire. Débarrasse toi de tes démons du passé, autorise toi à avancer à être plus forte qu'hier et même qu' aujourd'hui, tu as traversé beaucoup de choses difficiles dans le passé mais cela ne te donne pas le droit d'abandonner. Observe chaque choix qui se présente à toi et si un ne te convient pas, prends -en un autre.

Elle était loin d'imaginer que tout cela était une thérapie pour elle. Mais ça marchait. Elle remet tout en question et se rend compte qu'il avait raison. Elle avait le droit de choisir son bonheur et c'est ce qu'elle allait faire dorénavant.

A ce moment, le serveur débarqua avec leur plat donc rien que l'odeur faisait saliver. Elle s'apprêtait à prendre une fourchette pour manger mais il l'arrêta et demanda au serveur de leur ramener de l'eau pour laver les mains.

-J'ai besoin que tu te sentes à l'aise quand tu es avec moi? D'accord ?

Elle hocha positivement la tête en souriant, se lava les mains et dégusta son repas. Ça faisait longtemps qu'elle n'avait plus mangé de cette manière et avait l'impression que la nourriture avait un goût différent à manger de cette manière traditionnelle. Il l'a regardait manger, ce petit être en face de lui qui avait un vaste appétit le mettait de bonne humeur. Il se sentait bien avec elle et elle se sentait bien avec lui.

De retour à l'hôtel, il l'accompagne devant la porte de sa chambre d'hôtel.

-la journée à été épuisante. Repose-toi bien Kaitlyn.
-tu veux entrer une minute proposa t'elle avec hésitation.
Il l'a regarda quelques secondes pour être sûr que sa proposition venait d'elle-même et non sur le coup d'une quelconque contrainte.

-bien sûr si tu n'es pas trop fatigué rajouta t'elle.
-je veux bien.

Une fois à l'intérieur, il s'installa sur la chaise tandis qu'elle alla dans la salle de bain se rafraîchir. Interloqué par le mystère qu'elle continuait à instaurer dans son cœur, le jeune homme attendait patiemment son retour.

-Tu te sent bien Christian? Vous n'avez pas l'air très bien.

En effet, il n'était pas bien. Son esprit était tourmenté. Il n'allait pas résister longtemps. Soudain il se leva et enjamba de ses long pieds la distance qui les séparait.

-tu m'attires indéniablement Kaitlyn et ce depuis que je t'ai vu. J'essaye de résister je me dois de résister pour ta guérison et pour bien d'autre raison que nous savons très bien tout les deux.

Ses paroles étaient comme une révélation. Elle sentit son corps s'embraser d'une flamme dont la seule douleur était de la réchauffer le cœur. La voix rauque qu'il avait utilisée pour lui faire cette déclaration était pour l'achever encore plus. Ce regard d'envi qu'il avait sur elle personne ne l'avait jamais eu. Il dévorait chaque millimètre de son visage de son beau regard perçant. Elle ne put s'empêcher , elle ne put résister plus longtemps et l'embrassa sans plus attendre . Le contact de leurs deux lèvres était électrique, il fut tout d'abord surpris mais la tentation était trop grande pour y résister. Alors il glissa une main dans sa chevelure et une autre plus protectice se trouvait sur la joue de la jeune femme pour approfondir ce baiser qui semblait réunir deux âmes sœur trop longtemps séparer l'une de l'autre. Les joues en feu , les pieds qui tremblent, les papillons dans le ventre, elle n'avait jamais ressenti cela . Ils avaient l'impression que le temps s'était arrêté autour d'eux et que juste eux existaient sur terre. Elle se laissa tendrement aller au caresse sur sa joue et se demanda si cet homme était au courant du fait qu'il était l'origine de sa renaissance. Le ventre épris d'une chaleur nouvelle qu'elle n'avait jamais expérimenté, elle décida de mettre un terme à cette tornade d'émotion qui s'empara d'elle en se séparant de lui.

-je suis désolée Bégaya t'elle je n'aurais pas du.

-Pourquoi?

-pour t'avoir embrassé sans ton avis.

-tu le regrettes?

Elle prit une inspiration brutale comme si sa présence lui faisait cruellement manquer d'air.

-non je ne le regrette pas.

-Alors ne t'excuse pas.

-Toi ça ne t'a pas dérangé? Sachant que je suis la femme d'un autre?

-le fait que tu appartiens à quelqu'un d'autre me rend fou. Nous savons tous les deux qu'il y a quelque chose de fort qui nous attire l'un à l'autre. Certes ça été rapide mais c'est réel et j'espère profondément que tu vas retrouver ta flamme perdue et revenir sur certains choix de ta vie.

Elle hocha simplement la tête.

-Bonne nuit kaitlyn. Je te laisse vous reposer, la journée a été longue.

-passes une bonne nuit Christian.

Il lui fit un bisou sur le front et sortit de sa chambre. Il était délicat avec elle et c'était l'un des aspects de lui qui l'attirait. Certes, les souvenirs enfouis pouvaient resurgir à tout moment et l'envahir d'émotion mais elle était prête à les affronter.

# Chapitre 11

Elle se tenait au milieu de la pièce à admirer les choix qu'elle avait fait la veille. Les meubles avaient été installés très tôt par une équipe de déménagement à qui elle avait donné des directives. Le choix des couleurs était sobre, des objets décoratifs avaient été disposés un peu partout. Toutes les pièces de la maison étaient prêtes à être habitées. Il allait pouvoir quitter l'hôtel ce soir même s' il le voulait. Elle sentit une présence derrière elle et se retourna, sachant très bien de qui il s'agissait. Il tenait des pots de peintures et des pinceaux à la main:

-C'est quoi tout ça?
-de la peinture
-je vois très bien que c'est de la peinture . Mais c'est pourquoi?
-Tu vois ce mur derrière toi ? Je veux que tu en fasse ton œuvre. Laisse couler ta créativité. Fais moi voir ce qui se passe au plus profond.

-Mais je suis loin d'être une artiste.
-je veux que tu laisse exprimer ce que tu ressens.

Il déposa le nécessaire en face du mur et alla chercher le reste qu'il vint déposer au même endroit. Après quelques minutes à observer et à se demander ce qu'elle peut bien faire, elle attache ses cheveux à l'aide d'un élastique et se saisit des pinceaux posés devant elle. Une chanson de Alessia cara en fond *river of tears*, kaitlyn se lança dans ce qui allait bientôt être sa nouvelle passion.
Il la regarde s'acharner sur ce mur à l'aide des pinceaux qu'elle tenait si délicatement. Il avait pu goûter à sa douceur la nuit passée lorsqu'elle l'avait embrassé. Chaque fois qu'il repensait à ça, il se sentait à l'étroit.

Il s'était lui aussi éloigné pour travailler, trop déconcentré par les sentiments qui le traversait quand il était en sa présence. 2h plus tard il revint dans le séjour et observa ce que la jeune femme avait accompli. Son dessin montrait une femme qui marchait vers un soleil lointain mais des mains derrière elle essayait de la retenir pour l'empêcher d'avancer. Il parvenait à voir tous les combats qu'elle endurait à travers ce dessin. Elle était placée devant à observer comme si elle découvrait ce qu' elle venait de peindre. Se plonger dans un roman, laisser son imagination opérée ça kaitlyn avait l'habitude de le faire mais aujourd'hui elle venait de laisser son vécu déteindre sur un mur.

-Depuis longtemps, aujourd'hui je me suis laissée emprisonner par les cauchemars que je fais chaque nuit depuis longtemps déjà. J'ai droit au bonheur, je le mérite. Je vais retrouver ce soleil dont ses peurs ont voulu m'en éloigner. Dit-elle avec conviction sachant très bien qu'il venait d'entrer dans la pièce.

Elle avait décidé de quitter son mari. Ce sacrifice de son bonheur et de sa dignité pour quelques billets avait trop duré. Aujourd'hui elle possédait une pharmacie et pouvait recommencer ses études et cela à son propre compte. Ça allait être dur mais elle allait le faire. Elle espérait juste que son mari n'allait pas mal le prendre et faire jouer ses relations pour la faire couler.
Elle se retourna et s'avança vers lui.

-je vais le quitter Christian. J'ai droit au bonheur moi aussi.

Sa décision était comme un choc pour lui. Il avait tellement rêvé d'entendre ça. Il la voulait pour lui tout seul en espérant que les sentiments qu'il éprouvait pour elle étaient réciproques. Lorsqu'elle sentit sa bouche se nouveau s'écraser sur la sienne, kaitlyn failli perdre pied . Son cœur battait à la chamade, elle tenta de se raccrocher à son épaule pour regagner un peu d'équilibre. Son baiser était si vorace comme si il voulait rattraper celui de la veille. Cette fois ci leurs langue n'éprouvent aucune retenue se caressant avec ardeur. Kaitlyn n'avait jamais ressenti ce plaisir qui la gagnait chaque seconde un peu plus la rendant ainsi prisonnière mais elle ne voulait pas s'en libérer. Il arrêta soudainement l'obligeant à ouvrir ses yeux pour les plonger dans celui d'un homme exprimant le plaisir dans ses yeux. Il respirait brutalement témoignant le tourment qui se présentait à lui et dont il essayait de résister chaque fois. Elle se pinça les lèvres ce qui suffit à va lui faire perdre les pédales encore une fois. Il déposa ses lèvres sur les siennes encore une fois mais cette fois avec plus d'ardeur que la première. Leurs esprits et leurs corps semblaient être pris dans une douce danse dont la séparation semblait être si douloureuse.

-je n'ai jamais ressenti ça dit elle d'une voix tremblante.

Pour toute réponse il la regarda profondément et enfonça ses doigts dans sa chevelure féroce qu'il caressa l'invitant à se laisser aller à cette violente douceur. Elle ferma les yeux et s'accrocha à son torse comme si elle ne voulait plus jamais se séparer de lui.

-La première chose à savoir c'est que tu ne crains rien de moi.

Kaitlyn sentit entre ses cuisses une chaleur inconnue se répandre ce qui devait être dû aux baisers échangés.

-et la deuxième chose? Demanda-t-elle en relevant la tête.

Il la poussa contre le mur tout en vérifiant la délicatesse de son acte et l'entoura de ses bras.

-j'ai hâte de prendre ton plaisir, de te faire vivre pour que tu retrouves tes émotions perdues et t'en faire découvrir de nouvelles.

Elle frissonna à l'entente de ses mots et la chaleur déjà présente depuis tout à l'heure se propagea dans tout son corps. Il souleva sa robe qui n'avait cessé de le narguer depuis ce matin et fit glisser sa petite culotte le long de ses jambes. Il l'a regarda dans les yeux pour ne manquer aucun sentiment qui traverserait ceux-ci. Sa main monta lentement le long de sa cuisse pour achever son ascension entre ses jambes.

Kaitlyn avait la bouche ouverte haletante déjà conquise par ce que l'infligeait l'homme en face d'elle. Christian venait de la faire prisonnière et lorsque sa respiration était de plus en plus forte, il posa son doigt sur son intimité gardant son regard ancré dans le sien. Il voulait la faire ressentir ce que jamais elle n'avait pu ressentir jusqu'ici. Plus caressait son intimité plus il sentait son sexe grossir dans son pantalon mais cela lui importait peu. Le plaisir qu'il ressentait à la voir gémir de sa délicate voix était plus important. Elle semblait renaître grâce à cette nouvelle découverte. Il alla à l'encontre de sa fente humide et visita ainsi toute les parties de son intimité. Ses gémissements étaient de plus en plus forts. Les traits de son visage lui montrent à quel point elle voulait contrôler ses gémissements.

-Ne retiens pas ma douce. Je veux t'entendre dit il coller à son oreille profitant ainsi pour mordiller son lobe à son passage.

Tout ceci s'était fait pour la faire perdre la tête . Elle ne tenait plus, ses gémissements étaient de plus en plus forts. Comment parvenait-il à lui faire ressentir autant de plaisir ? Une vague de plaisir se propageait en elle, l'obligeant à découvrir des sensations inconnues et incontrôlables.

Christian caressant son intimité avec une douceur malsaine, il voulait lui montrer chaque parcelle de ce qu' elle pouvait ressentir. Soudain il accéléra le rythme de ses doigts là tenant fermement pour qu'elle ne tombe pas. Il la sentait trembler de plaisir, il pressa son doigt sur son bouton de plaisir et recommença ses caresses à une vitesse indescriptible.

Les joues en feu, elle gémit à cause d'une vague de plaisir qui venait de déferler en elle. Il captura alors sa bouche avec une ardeur qui exprimait tout le désir qui s'était accumulé dans son sexe.

-Tu es si belle quand tu gémis

-Christian je… Elle s'arrêta au cours de sa phrase encore secoué par tout ce qu'elle venait de ressentir.

Il retire doucement sa main de son intimité, l'arrachant encore quelque léger gémissement au passage.

-ce que tu viens de ressentir ma douce n'est que l'esquisse de ce que tu devrais ressentir.

Ce qu'il venait de lui faire était aussi incompréhensible que mémorable. Comment avait elle fait pour vivre sans lui tout ce temps? se demanda -t-elle.
Il la porta comme une princesse et l'emmena dans la salle de bain. Une fois sur place, il la déposa au sol, prit quelques lingettes et s'accroupit en face d'elle. Sa main munie d'une lingette alla encore une fois à l'encontre de son intimité pour nettoyer ce qui témoignait de son plaisir de tout à l'heure.

Avec lui, elle se sentait comme une princesse. Seuls ses parents l'avaient traité comme ça un jour. A ce moment, elle se rendit compte qu'elle venait de trouver sa nouvelle famille.

# Chapitre 12

Kaitlyn avait été tellement secouée par ce tout plein de sensations inouïes qui s'était propagée en elle qu'elle s'était endormie dans la chambre où il l'avait emmenée pour qu'elle se repose. Elle se réveilla très tard et le retrouva au salon devant son ordinateur.

-hey! dit elle d'une voix timide *et se tenant à distance de celui ci*

Il releva sa tête et ancra ses yeux dans les siens. Une paire de lunettes posée sur ses yeux et malgré cela son regard était toujours aussi intimidant. Christian était très imposant de nature et cela apportait beaucoup à son charme qu'elle imaginait faire flancher plus d'une. Il ne lui apportait aucune sécurité mais elle avait assez joué la carte de la sécurité et avait prévu profiter de son bonheur au maximum.

-Tu es bien reposé?
-oui merci de demander. Toi pas à ce que je vois.
-Non pas vraiment. L'application rencontrait quelques problèmes qu'il fallait résoudre d'urgence.
-Ah je vois! J'imagine que tu vas passer la nuit ici. Tu peux me déposer? J'ai donné des jours de repos à mon chauffeur depuis dimanche.

Il se leva et s'approcha comme un lion qui avait repéré une gazelle. Sans prévenir, il la tira vers le mur qu'elle avait peint dans la journée. Une fois en face, il se plaça derrière elle.

-Tu sais pourquoi je t'ai demandé de peindre ce mur? Je voulais avoir ta marque chez moi, quelque chose qui puisse marquer ton passage dans ma vie quoi qu'il arrive. Tu es devenu vital pour moi en quelques jours. Et savoir que ceci t'a permis de voir plus clair et aussi de prendre un nouveau départ me montre que j'ai pris la bonne décision. Aujourd'hui cet endroit sera autant pour toi que pour moi un endroit mémorable. La promesse que je t'ai faite dans cet appartement la première fois qu' on n'est venu n'était pas une promesse en l'air et je compte la tenir de près ou de loin.

C'était le point de suture qu'il manquait à sa blessure pour qu'elle puisse guérir. Il ne se rendit peut-être pas compte de ce qu'il venait de réaliser. Elle n'avait jamais pu surmonter tout ce qu'elle avait traversé et cela faisait des années qu'elle essayait de panser ses plaies mais c'était impossible et lui en 4 jours il avait pu lui apporter les premiers soins et pour cela elle lui sera éternellement reconnaissante.
Elle se retourna et le serra dans ses bras. C'était loin d'être une accolade amoureuse, juste un geste par lequel elle voulait lui exprimer toute sa reconnaissance. Il ne la connaissait pas mais il l'avait aidé et aujourd'hui autant qu'elle était vital pour lui, il l'était aussi pour elle.

-je ne sais pas comment te dire merci Christian dit elle une fois décolle de lui les yeux brillants de larmes
-pas besoin ma douce. Te voir te sentir mieux est pour moi essentiel. Et tu peux dormir ici demain je te raccompagne à l'hôtel. Y'a plusieurs chambres ; bien sûr si tu me fais confiance.

Bien sûr elle lui faisait confiance sans hésiter. Et commençait même plutôt à apprécier sa compagnie.

-J'ai pas d'habit de rechange et je me sens déjà à l'étroite dans cette robe.
-je me suis fait ramener mes affaires ici. Je pourrai te prêter une culotte et un t-shirt même si ceux-ci risquent d'être trop grands pour toi.

Elle se contenta d'hocher la tête et le suivit lorsqu'il se dirigea pour s'enfoncer dans une chambre différente de celle où elle s'était endormie il y a quelques heures. Une fois dans le dressing il lui tendit un débardeur et un jogging qu'elle jugea très grand pour elle mais elle allait s'en contenter.

Une fois avoir pris sa douche et enfilé les vêtements qu' il lui avait prêté, elle se rendit au salon où elle s'extasia devant une panoplie de repas déposés sur la table basse. Lorsqu'il leva les yeux vers elle, Christian se dit que rien n'était aussi beau que ce qu'il voyait à ce moment. Elle qui portait ses vêtements c'était pour l'exciter plus qu'il ne l'était déjà. Il détourna son regard un instant pour tenter de se contrôler
-on se fait une soirée cinéma?
-comment puis-je refuser en voyant toute cette nourriture? Dit-elle le sourire au lèvre.
-parfait alors
-qu'est-ce qu'on regarde?
-un film d'horreur dit elle les yeux pleins d'étoile
-D'accord viens t'asseoir.

C'est ainsi que leur soirée se déroula, elle avait crié à la moindre scène effrayante et la serrant dans ses bras il n'a pas pu se concentrer sur le film. Ils finirent par s'endormir l'un contre l'autre sur le canapé qui les avait servi de nid toute la soirée.

Le lendemain, elle fut réveillée par la sonnerie de son téléphone. Elle décrocha sans toutefois regarder de qui ils s'agissait torturer par des courbatures sûrement dû au fait qu'il avait dormi toute la nuit.

-Allo? Dit elle la voix enrouée.
-Bonjour madame Bulgati. C'est le médecin de votre mari.
- Ah bonjour monsieur. Tout va bien ? Demanda-t-elle légèrement agacée par le fait qu'il l'avait réveillé aussitôt.

-oui madame. Euh c'est à propos de votre mari. J'ai une mauvaise. Je sais pas si je peux en parler maintenant avec vous?

Elle se sentit soudain intéressée parce qu'il voulait lui dire. Était-il mort? Soudain une joie monta en elle mais qui s'estompe rapidement en regardant le visage si apaisant de celui qui dormait à côté d'elle. Mais même si il était vraiment mort elle ne l'avait tué se dit-elle. Il était mort tout seul et elle avait le droit de profiter de ce que le destin lui offrait pour une fois.

# Chapitre 13

-Madame? Vous êtes là ?
-euh… oui oui je vous écoute dites moi.
- eh bien la nouvelle je vais vous annoncez n'est pas réjouissante. *Après un court silence, il continua.* En fait, un dysfonctionnement du système électrique du cœur de votre mari a provoqué une arythmie fatale et une perte de la capacité de pompage de son cœur ce qui a provoqué l'arrêt de son cœur et l'infirmière en charge de prendre soin de lui n'a pas pu le réanimer toute seule et nous somme arrivé trop tard. Je suis désolé mais votre mari est mort cette nuit.

Quelle réaction devrait-elle adopter? C'était son mari mais elle n'éprouvait aucune tristesse à l'annonce de sa mort. Cela faisait d'elle un être ignoble? Il était mort! Elle était riche et libre.

Elle ne put s'empêcher de rire ce qui étonna le médecin à l'autre bout du fil qui attendait sa réaction.

-vous allez bien madame ? J'aurais peut-être pas dû vous annoncer cela au téléphone .
-Ne vous inquiétez pas. Je prends la route dans quelques heures pour rentrer. Je vous remercie. Portez vous bien! *dit-elle toujours aussi joyeuse.*

Christian fut réveillé par les cris de joie de sa douce. Elle était très belle. Pourquoi riait-elle comme ça ? La voir aussi joyeuse lui comblait le cœur. Comment quelqu'un avait-il pu briser un être aussi doux qu'elle. Le monde pouvait être cruel des fois. Le viol est l'un des fléaux qui minent notre société, personne ne semble s'en n'inquiétez étant donné que ça touche pour la plupart du temps que la gente féminine. C'est une manifestation sexuelle d'un rapport de domination. Les conséquences de ses actes affectent les victimes sur le plan psychologique et celles-ci transportent un bagage émotionnel négatif toute leur vie parfois sans personne pour les aider à surmonter cela. Confusion, baisse de l'estime de soi, sentiment de honte. Anxiété, stress post-traumatique, hypervigilance, troubles obsessionnels du comportement , comportements alimentaires perturbés habitent leur vie au quotidien. l'atteinte à la dignité génèrent chez les victimes de cet acte ignoble un sentiment de mort psychique, elles se perçoivent comme des « mortes-vivantes », réduites à des objets, leur vie devient un enfer. Un stress extrême, à l'origine d'une mémoire traumatique. Il allait l'aider à sortir de cette spirale infernale, se répétait-il sans cesse.

-bonjour ma belle.

Elle se retourna vers lui les yeux brillants de joie. Ce regard lui donnait envi de tout abandonner et partir avec elle vers une destination paradisiaque. Bientôt elle allait être à lui. Elle allait quitter ce monsieur qu'elle avait pour mari et ils pourront enfin faire les choses bien et ensemble.

-il est mort Christian *dit elle en se levant pour se placer devant lui* mon mari est mort. Le destin s'est enfin mis de mon côté .
-c'est cela qui te met autant en joie?

Kaitlyn scruta avec attention sa réaction et le moins qu'on puisse dire c'est qu'elle était à la hauteur de ce qu'elle espérait.

-ça ne te fait pas plaisir?
-Tu voudrais que je me réjouis de la mort d'un autre être humain?

Elle pâlit sur le coup. Sa réponse avait été plaints de dédain qu'elle en vain à se demander ce qu'elle avait fait de mal.

-pourquoi me réponds tu ainsi ?
-Ton mari vient de mourir et toi tu pousses des cris de joie? *Dit il en haussant légèrement le ton*
-tu connais mon histoire, tu connais les circonstances de mon mariage. Cet homme avide et cupide qui ne m'aurait aider si je lui avait refusé l'accès à ce qui se trouve entre mes cuisses. Tout ce qu'il voulait c'est rajeunir un peu et avec une fille qui pouvait avoir l'âge de sa propre fille à ses bras quoi de mieux dis moi?
-il ne t'a pas forcé à l'épouser à ce que je sache.

Elle se sentit blessée par cette phrase comme si on venait de lui enfoncer un poignard qu'on n'avait pris le temps d'aiguiser en plein cœur. Sa mine se décomposa et il le ressent et commence à regretter les paroles qu'il venait de dire. Quelques larmes venaient bientôt pointé leur nez sur le jolie visage de la femme dont il ne pouvais plus se passer.

-Non tu as raison il ne m'as pas forcé. J'assume les choix que la vie m'a forcé à adopter. c'est facile pour quelqu'un d'extérieur de juger le choix des autres. C'est vrai j'ai pris de mauvaises décisions dans ma vie mais le problème c'est que contrairement à toi j'ai dû me battre pour survivre. Aujourd'hui la vie me donne un moyen de survivre enfin et tu voudrais que je sois triste.*Hurla t elle à la fin de sa phrase*

Il s'approcha d'elle s'imposant grâce à sa carrure gigantesque en laissant dégager un aura des plus dangereux. Un parfum viril se dégagea de lui donnant ainsi un sursaut au cœur de notre battante. Il respira bruyamment la laissant entendre que cette situation ne lui plaisait guère. Peut-être qu'il ne voulait pas d'une charge émotionnelle comme elle avec lui se dit elle. Il leva la main pour lui caresser les joues. Cette tendresse qu'elle ne connaissait pas l'aida à faire passer le chagrin qu'elle ressentait .

-tu vas m'écouter maintenant. La vie n'a pas été rose pour toi je te l'accorde. Mais te comporter ainsi à te réjouir de la mort d'un être en plus un avec qui tu as eu à partager ton lit c'est un acte des plus méchants . Je ne laisserai pas perdre ton humanité kaitlyn. La vie viens de te donner un cadeau, oui tu peux le prendre comme ça tu es dans ton droit mais alors cela signifierait que tu me choisis par dépit et ça je serai jamais alaise avec.

Il souleva son visage à l'aide de son index et l'embrassa. Ce baiser représentait l'écho d'un désespoir qu'il essayait de combler. Était-ce un au revoir? Sa langue exigeante trouva la sienne pour engager une danse vorace dans laquelle kaitlyn se perdit peu à peu. Soudain, et alors qu'elle le sentit étouffé un son virile il se détacha d'elle et s'éloigna comme ci il fuyait quelque chose de redoutable.
Le poîng serré le long de la hanche, il ne faisait que faire des tours dans le séjour. Elle ne l'avait jamais vu comme ça. Elle avait l'habitude de de le voir serein et calme à raisonner tout le monde mais aujourd'hui il semblait avoir perdu le contrôle

Elle était bien consciente qu'il y avait encore des fragments d'elle pas totalement reconstituée et elle avait besoin de lui pour cela. Kaitlyn grimaça légèrement rien qu'à l'idée de se retrouver loin de lui. Mais allait-elle sacrifier tout ce qu' elle avait entrepris jusqu'à aujourd'hui pour une histoire dont elle ne sais pas comment ça allait se terminer ?

# Chapitre 14

Elle se sentait vide, c'est vrai elle savait que cette semaine devait se terminer tôt ou tard mais pas aussi vite et pas comme ça. Normalement après cette nouvelle kaitlyn devait se sentir heureuse au vue de la fortune dont elle allait hérité et pouvait si elle le voulait maintenant se mettre avec Christian mais elle doutait que cela soit encore possible. Mais quelque chose l'empêchait de ressentir cette joie et elle ne savait pas ce que c'était. Se sent- elle coupable d'avoir souhaité la mort de son défunt mari? Bien sûr que non. Avait-elle des remords à l'avoir laissé passé les derniers instants de sa vie seul? Pas du tout . Elle avait passé de beaux jours au côté de Christian et même si cela devait se terminer comme ça elle ne regrettait pas de l'avoir connu.Elle allait prendre un nouveau départ et se concentrer uniquement sur elle.

La voiture gara devant la maison de son défunt mari qu'elle avait prévu vendre. C'était une belle et grande maison située à Denver dans la ville de Douala. Une fois dans la maison elle saluait le personnel d'un geste de tête et se dirigea vers l'étage où se situent bureau de son mari Mais elle fut stoppée dans son élan.

-ou étais tu madame ?

Il s'agissait de sa belle-sœur, la sœur de son mari, mais que faisait-elle là? Ils étaient les deux seuls enfants à leur mère mais je crois qu'ils avaient des demis frères du côté de leur père. Les parents même de son mari eux même étaient décédés et elle non plus n'avait plus de famille. Leur mariage c'était juste prononcé à l'état civil sans toute autre forme de mariage traditionnel donc l'enterrement de celui-ci allait être tranquille pour elle sans rite de veuvage. Ils sont originaires de l'Est du Cameroun. Chez les ngelemedouga au Cameroun, la veuve est soumise à un rituel: le veuvage. Ce rite a pour but de purifier la veuve en la libérant des méfaits et dangers surnaturels que provoquent la perte d'un partenaire. Il est généralement effectué par les belles-sœurs de la veuve. Dès le décès du conjoint, la veuve cesse toutes les activités, elle est obligée de subir certaines interdictions comme ne plus saluer à la main,ne plus regarder les gens dans les yeux, ne plus dormir dans la chambre conjugale mais au salon et sur une natte. Elle restera aussi les poings fermés, signe de maintenir tous ses avoirs. Le lendemain après l'inhumation du conjoint la veuve est conduite à la rivière pour un bain de purification avec les herbes. Elle est revêtue d'un nouvel habit de couleur noire, blanche, bleue au choix de la veuve qu'elle va porter pour une durée de 6 mois à 1 an. Sur le chemin de retour de la rivière, elle ne doit pas se retourner. Au village, elle est acclamée par les youyous. Vu qu'elle n'était pas mariée traditionnellement avec son mari, sa belle famille avait le droit de la chasser et garder tous les biens pour eux vu que de base elle ne s'entendait pas avec eux. Mais elle s'était assuré que son mari laisse un testament auprès d'un notaire.

-qu'est-ce que tu fais chez moi Viviane?
-chez toi tu dis? *Dit elle en riant,* la maison de mon frère n'est pas chez toi madame. Maintenant qu'il est mort nous pouvons nous débarrasser de toi.

Viviane était une femme très belle. Elle avait de l'argent et toujours très bien habillé mais même tout cela n'arrivait pas à cacher son caractère de garce. Son frère l'avait gâté, il succombait à tous ses désirs mais en ce qui concernait kaitlyn elle n'avait pas pu s'opposer à sa décision.

-cette maison est celle de mon mari donc oui elle m'appartient.
-tu n'es qu'une croqueuse de diamant kaitlyn, tu n'as toujours été là que pour l'argent de mon frère d'ailleurs il ne t'a jamais aimé il cherchait juste une compagnie pour le reste de sa vie et vu que tu étais quelqu'un de perdu, une sans abri sans famille quoi de mieux?
-ce n'est pas ce que ton frère disait quand on se retrouvait dans la chambre *dit-elle avec un malice dansant dans ses yeux* . Pense ce que tu veux de moi Viviane je me fou mais sache juste que mon mari a laissé un testament et il sera lu après son enterrement maintenant je te pris de sortir de cette maison.
-dit plutôt que tu as soudoyé un notaire pour pouvoir mettre tous les biens de mon frère à ton nom mais ne t'inquiète pas, tous les tribunaux pourront démontrer que mon frère n'était pas en état pour dicter un testament. Maintenant on se voit après le deuil à la lecture de ce fameux testament. Prépare bien ce deuil vu que c'est celui de ton mari comme tu le dis si bien.

Cette femme la sortait par les nez à venir toujours fourré son nez dans ses affaires. Elle devait savoir si ce testament allait être valable ou pas. Elle pivota pour emprunter l'escalier qui mène à l'étage. Elle ouvrit deux portes fait de bois rouge derrière lesquelles se trouvait le bureau de son défunt mari. Elle cherchait la carte du notaire qui avait procédé à l'enregistrement de son testament. Elle avait été l'un des témoins avec l'un de ses amis d'enfance.
Après quelques sonneries il décrocha.

-Bonsoir monsieur je suis madame Bulgati.
-Ah! Bonjour madame! Mes condoléances les plus sincères
-je vous remercie. Je vous appelle à propos du testament de mon défunt mari.
-oui la lecture de fera après son enterrement comme il l'avait souhaité.
-oui je le sais bien mais je voulais savoir si son état de santé au moment de l'écriture de ce testament pourrait le rendre irrecevable à la vue d'un tribunal.
-non madame à ce moment la capacité de réflexion de votre mari n'était pas altérée. Donc ne vous inquiétez pas !

-D' accord, je vous remercie.

## Chapitre 15

Deux semaines plus tard, ce cauchemar était enfin terminé. Ce n'était pas le fait d'avoir enterré son mari qui l'avait horripilé mais tous ses protocoles auxquels elle n'avait pas pu se dérober en tant que veuve du défunt. C'était enfin terminé. Elle avait appelé le notaire de Mr Bulgati directement après que celui-ci avait été enterré. Un rendez-vous qui l'arrangeait avait été convenu et ainsi il pourra prévenir tous les concernés par ce testament. impatiente c'était le seul mots qui la caractérisait à ce moment-là; impatiente de toucher ce qui lui revenait de droit ou SA LIBERTÉ comme elle l'aimait l'appeler.

Aux environs de 2h de l'après-midi, elle fit son entrée dans le bureau du notaire. A son arrivée sa belle sœur y étais déjà installée accompagné d'une autre femme qu'elle ne connaissait pas et dont elle n'avais pas envi de connaître.

-Bonsoir monsieur, dit *-elle en prenant place sans attendre qu'on lui propose.* Nous pouvons commencer .
- eh bien bonsoir madame Bulgati! Nous attendons encore deux personnes pour pouvoir commencer.

-Elle se prend pour qui celle-là? Elle pense vraiment qu'elle aura droit à quelque chose dans ce testament ? Dit sa belle sœur en riant avec sa voisine.

Elle ne répondit pas à sa provocation trop occupée à s'interroger sur les personnes qu'ils attendaient. Mais il n'avait plus d'autre personne proche de lui et qui entrait dans le partage de ses biens se dit-elle. A ce moment, elle fut interrompue dans ses pensées par l'ouverture de la porte juste derrière elle. Elle se retourna immédiatement et grande était sa surprise quand elle découvrit de qui il s'agissait. Peut être s'agissait -il d'une simple coïncidence se dit-elle sinon qu'est ce qui pourrait expliquer sa présence ici. Elle n'arrivait pas à détourner son regard du sien qui semblait tout aussi surpris. Il était impeccablement habillé comme à son habitude mais sa sérénité d'antan semblait être perturbé. D'ailleurs elle aussi était perturbée; des milliers de questions fusaient en même temps dans sa tête mais la principale était; Qu'est-ce que Christian faisait là? Il était suivi d'une femme plutôt âgée dont les traits de ressemblance etait très frappants. Son cœur se mit à battre de manière désordonnée lui donnant ainsi l'impression de se liquéfier.

-Bonsoir monsieur et madame ! Dit le notaire pour couper court à ce silence gênant.

Il se tourna vers le notaire déposant alors sur celui-ci un regard dur qui semblait lui demander silencieusement la raison de sa présence ici.

-nous allons pouvoir commencer. Prenez place et procédons à la lecture de ce testament.
-je ne comprends pas. Qui sont-ils? Dit elle toujours aussi confuse.
-c'est le fils de mon frère madame. Qu'est-ce que tu crois? Bien sûr qu'ils avait des enfants il n'était pas stérile comme toi.
-Viviane vraiment la je n'ai pas le temps pour tes absurdités. Si je suis là c'est pour une raison précise et je veux comprendre ce qu'il se passe dans cette pièce.
-mesdames nous n'avons pas de temps à perdre s'il vous plaît veuillons procéder à la lecture de ce testament.
-sans vouloir trop en faire monsieur le notaire. Je suis la femme de monsieur bulgati et je n'ai jamais entendu parler d'un enfant et comme par hasard aujourd'hui il apparaît pour la lecture de ce testament.

Christian lança un regard haineux vers elle mais aucun mot n'en sortit de sa bouche. Ses yeux devinrent noir et ses mâchoires involontairement tendues à l'extrême. Kait déglutit péniblement en soutenant son regard noyé dans la colère . Il darda longuement son regard sur elle
Il avait été très contrarié par les événements qui l'avaient affecté ses derniers jours et la croiser ici lui avait fait monter un élan de haine vers celui qui avait été son père biologique. Il l'avait épousé. Il avait épousé une fille qui avait l'âge d'être sa fille. Pour lui ce monsieur n'avait aucune moralité mais aujourd'hui il en avait la preuve que c'était un être dépourvu de sentiment.

- mR essoke christian est le fils de votre défunt mari qu'il a eu il y'a quelques années! Maintenant je dois procéder à la lecture de ce testament. J'ai du travail qui m'attends.

Christian prit place à côté de la dame qui devait être sa mère affichant un visage impassible ne laissant s'y peindre aucune trace émotion. Il n'avait prononcé aucun mot jusque-là, troublé par toutes les émotions qui l'affectent il avait peur de faiblir devant cette situation. Notre veuve elle non plus ne savait pas où mettre sa tête. Son défunt mari avait un enfant qui plus était l'homme qu'elle avait rencontré, qui l'avait aidé et qui l'attirait indéniablement . Les yeux de la jeune femme prirent une lueur inquiète appréhendant ce qui allait se passer. Le notaire se munit de sa paire de lunettes au-dessus de son nez et entreprit la lecture de ce bout de papier qui devait prédire son avenir futur.

*Je soussigné mR Bulgati bougne basil née le 10 avril 1958 à Yaoundé déclare révoqué par ce testament tout testament antérieur.*
*Je lègue à ma sœur foutse Viviane née le 3 janvier 1986 à Yaoundé tous les terrains situés dans la ville de Yaoundé ainsi que la ferme construite à l'est Cameroun dans notre village.*
*Mon épouse bulgati kaitlyn née le 18 septembre 1998 je lègue ma maison située dans la ville de Yaoundé au quartier Denver. Ainsi que la somme de 25 millions de francs déduite de mon compte à la banque ...*
*Mon fils Essoke Christian née le 15 juin 1998 je lègue toutes mes autres propriétés notamment celle de douala et de kribi. Ainsi que mon entreprise d'automobile qu'il partagera à part égale avec mon épouse.*
*Le reste de mes biens sera partagé à part égale au reste des membres éloignés de ma famille.*

*Fait et écrit entièrement à la main le 17 janvier 2022 à Yaoundé.*

Tout s'entrechoque dans sa tête, à ce moment. Elle espérait ne pas avoir bien entendu. Il avait changé le testament, celui-ci ne ressemblait aucunement à ce qu'il avait rédigé la dernière fois . Mais comment était-ce possible? Les hommes étaient toujours autant manipulateurs. Elle devait se partager cette entreprise avec quelqu'un qu'elle ne connaissait pas ? Un fils qu'il lui avait caché ? La vie continuait à s'acharner contre elle. Devoir s'associer encore à un homme, elle ne le voulait pas.

## Chapitre 16

A la fin de la réunion chez le notaire chacun sortit de la pièce. Sa belle sœur qui ne rate aucune occasion pour lui lancer des pics ne se gêna pas , soit disant qu'elle avait eu à faire des pratiques peu conventionnelles sur son frère pour pouvoir l'envoûter mais elle était habituée à ça et laissa passer en se disant que bientôt tout ça sera derrière elle. Assis sur la chaise, resta figé pendant quelques minutes avant de se lever d'un bond. Il fallait qu'elle lui parle. Elle hâta le pas pour pouvoir le rattraper . Lorsque sa silhouette lui apparut, elle l'appela.

-monsieur Essoke

Il s'arrêta et se retourna avec une lenteur déconcertante. L'ourlet sensible de ses lèvres avait pris un plis dur captant pendant quelques secondes son attention. Lorsqu'elle remonta ses yeux vers les siens, elle crut voir un éclair le traverser, ce qui la déstabilisa encore plus mais elle n'allait pas se laisser faire une fois de plus par un autre membre de ce genre humain.

-vous avez quelques minutes à m'accorder ?on doit discuter.
-qu'est-ce que vous le voulez ? mon fils n'a rien à vous dire. Notre avocat vous contactera. Il ne veut pas avoir à faire à vous.

Elle tiqua, portant son regard vers la dame qui venait de lui répondre. Elle savait avoir du respect pour les personnes âgées alors elle se contenta de tourner son visage vers Christian attendant une réponse. Il plissa les yeux en regardant sa désormais collègue, aucun défaut ne traverse son visage pâle; sa tignasse d'un noir profond lui faisait toujours autant d'effet. Elle lui faisait toujours autant d'effet mais aujourd'hui il avait appris qu'elle avait été l'épouse de son lâche de père. Ceci rendait leur histoire encore plus impossible. Il devait donc garder ses à présenter et adopter une attitude professionnelle avec elle. Il se retourna vers sa mère et lui tendit les clés.

-maman va à la maison je t'y rejoins. Je prendrais un taxi.

Sa mère n'était pas très d'accord avec cette décision mais dû se résigner au ton autoritaire qu'il avait employé.

-d'accord à tout à l'heure et soit prudent *dit elle en lui faisant un bisou sur la joue.*

Il se retourna vers elle dardant encore une fois son regard déstabilisant sur elle.

-il y a un petit café au coin de la rue. Suis moi!

La caresse de sa voix lui fit perdre le fil un instant. Sa voix était dure, dénuée de toute émotion. Il se dirigea vers la sortie et elle n'eut d'autre choix que de le suivre . Une fois à l'intérieur du café, ils s'installèrent à une table à l'abri des regards. Les yeux dans les yeux, ils étaient restés un moment sans mot dire. Son regard était désarmant et sa présence encore plus.

-Alors tu voulais me parler ? Je t'écoute.
-euh… tu ne crois pas que j'ai droit à des explications? Comment ça tu es le fils de mon mari ?
-kaitlyn je n'ai vraiment pas envi de parler de moi avec toi en ce moment.

Elle se sentit blessée. Elle lui avait raconté son histoire dans les moindres détails, il savait tout d'elle jusqu'au moindre de ses sentiments les plus profonds mais aujourd'hui il refusait de lui parler ? Il vit son regard s'assombrir et comprit qu'il venait de la blesser mais que pouvais t'il faire ? Que voulait-elle qu'elle lui explique? Qu'il est le fils de l'homme pervers avec qui elle avait partagé son lit ? Elle le savait déjà. Il se sentait blessé et en plus de cela il ressentait une honte certaine d'être le fils de cet homme qui aujourd'hui n'est plus.

-je t'ai parlé de tous les détails de ma vie sans même te connaître. Je t'ai confié mes peines et mes peurs les plus profondes. Et toi aujourd'hui tu ne veux pas me parler d'un aspect de ta vie qui me concerne aussi ? *Dit elle la voix pleine de tristesse.* Je t'ai parlé de ma vie de femme marié et je suis vraiment désolé que ce monsieur que j'avais épousé pour le confort matériel ce soit avéré être ton père. Je n' ai jamais voulu que les choses se passent comme ça. Je n'aurai jamais cru te rencontrer un jour et que tu sera l'une des premières étapes de ma délivrance. Avant de te connaître je n'aurai jamais cru pouvoir faire ce grand saut vers la guérison mais je l'ai fait.Si j'avais pu changer le passé est ce que je l'aurai fait ? Est-ce que je n'aurai pas épousé ce monsieur qui s'est révélé être ton père ? Même si on me donnait la possibilité de revenir en arrière pour changer les choses et ne pas épouser ce monsieur je ne l'aurai pas fait . Ma décision n'a pas changé par rapport à ça . J'avais décidé de le quitter avant qu'il meurt mais si le destin a choisi de le faire mourir avant, c'est que sûrement ce même destin pense que je mérite ce qui m'arrive aujourd'hui. Je ne sais pas ce que tu traverses mais je veux le savoir. Tu as perdu ta sérénité et ça je l'ai vu dès le moment que je t'ai vu pour laisser place à un visage plein de colère. Cette sérénité faisait parti de toi et je sais qu'elle est encore là et peut être même qu'une oreille amicale t'aidera à la retrouver.

Essoufflée par tout ce long discours elle porta la tasse de café qui avait été servi plus tôt à ses lèvres. Elle guetta une réaction de sa part mais n'en vis aucun; du moins ce n'était pas ce qu'elle espérait.

-en ce qui concerne l'entreprise je crois que l'un de nous devra vendre ses parts à L'autre je ne pense pas qu'on réussirait à travailler ensemble. A ce que je vois tu as les moyens pour tous les racheter.

Elle sentit comme poignard qu'on venait de lui enfoncer en plein cœur. Alors c'était ça le sentiment de déception? Elle n'en avait jamais éprouvé, jamais elle avait mis sa confiance en quelqu'un. A travers cela elle se sentit juger; juger par cet homme à qui elle avait fait confiance sans même en douter une seconde. Elle passa du chaud au froid en une fraction de seconde. Ses traits de visages s'endurcissent sous le regard peu sûr de son confident Christian. Elle repensa à sa promesse et ne put s'empêcher de se dire qu'elle avait été naïve de croire à ses balivernes au moins aujourd'hui tout était clair. Elle se racla la gorge et prit la parole.

-je conviendrai d'une réunion avec les autres membres de la réunion et ma secrétaire t'enverra un mail et nous pourrions mieux parler de tout cela. Faut que je te laisse au revoir Christian.

Cet au revoir sonna comme le dernier qu'il échangera ensemble. L'odeur de son parfum s' enivra caressa sa narine lorsqu'elle passa à côté de lui pour sortir du café. Il prit sa tête entre ses mains trop confus par tout ce qui lui arrivait ses derniers jours.

## Chapitre 17

Couché sur son lit dans le domicile de sa mère situé à Bonamoussadi, les mains derrière la nuque regardant le plafond. Christian n'arrêtait pas de penser au parole et au comportement de kaitlyn la veille. Certes elle n'aurait pas pu savoir que c'est son père qu'elle avait épousé mais il lui en voulait quand même. Il lui en voulait parce qu'il n'arrivait pas à la sortir de sa tête. Tout d'elle revenait le hanter chaque soir, son sourire si fin mais si réconfortant à la fois, sa chevelure féroce qui lui donnait envie de plonger sa tête à l'intérieur à chaque fois qu'il la voyait. Son corps si envoûtant lui faisait monter des envies à chaque fois qu'il se retrouvait tout près de lui. Christian savait que s' il tentait de s'y aventurer il ne pourrait plus y renoncer. Leur relation sera mal vue de tous. D'un point de vue familiale elle était sa belle mère; la femme de son père, l'ex de sa mère. Il pensa à sa mère. Cette femme qui l'avait élevé toute seul. Cette femme qui s'était battu pour lui. Elle n'allait jamais être d'accord pour cette relation. Cette homme l'avait mis enceinte et il l'avait abandonné à son sort. Elle ne s'était jamais mariée de peur que son futur mari n'accepte et ne traite son fils comme il se doit. Elle s'était sacrifié pour lui et pour lui il la devait tout et pour ça tous les jours de sa vie il se battait pour la rendre heureuse.

Une notification fit vibrer son téléphone le faisant sortir de ses pensées. C'était un mail de la secrétaire de kaitlyn qui lui donnait rendez-vous dans les bureaux de l'entreprise lundi à 8h. Il soupira et déposa son téléphone nonchalamment. son esprit toujours tourmenté par tout ce qu'il avait vécu ses derniers jours.

Il était 8h30 quand il pénétra dans la salle de conférence où se tenait la réunion. Il était vêtu d'un costume 3 pièces bleu nuit qui faisait ressortir son teint noir bronzé à la perfection lui donnant un aire encore plus ténébreux. Sa carrure imposante et son comportement assez mystérieux faisaient de lui un homme très convoité par la gente féminine. Tout le monde était déjà présent regroupé autour d'une table vitrée. La pièce était calme, il avait su se faire attendre. Il avanca vers le siège vide d'une démarche autoritaire et imposante question de faire comprendre qu'il ne faiblira devant aucune de leur attaque. Il n'était pas dans son habitat naturel, il avait même l'impression d'avancer vers la tanière de son ennemi. Il avait voulu plusieurs fois renoncer à cet héritage mais sa mère l'en avait dissuadée.

Sa belle interdite était debout au bout de la table juste à côté du siège libre qui lui était sûrement réservé.

-Mr essoke vous êtes en retard ! Nous vous attendions.
- eh bien nous pouvons commencer! Bonjour à tous *dit il en inclinant sa tête en signe d'excuse.*

Elle n'était pas du tout son style; d'habitude il les aimait simple sans extravagance mais celle-ci l'attirait énormément. Elle était vêtue d'une robe rouge qui lui arrivait au-dessus des genoux soulignant parfaitement ses courbes généreuses. Cette couleur lui allait à ravir, elle était sexy sans être vulgaire. Ses cheveux regroupés à un chignon au-dessus de sa tête complétait son attitude stricte qu'elle affichait. Elle se tenait droite sans ciller et cela la rendait encore plus divine. Subitement elle se retourna et se pencha légèrement pour s'emparer de la télécommande du projecteur. Christian laissa tomber ses yeux sur ses formes à la fois fine et généreuse. Ignorer l'effet qu'elle avait sur lui serait un mensonge; mais il se devait de résister à cette escapade interdite.

-Bonjour tout le monde! Je vous présente monsieur essoke Christian le fils de mr bulgati qui a hérité de la moitié de cette entreprise. Il sera donc au même titre que moi votre patron.

Tous le saluèrent d'une voix intimidée, il avait l'habitude de faire cet effet là aux gens mais il n'en prêta guère attention. Toute son attention était sur elle et sa voix autoritaire et implacable. Elle savait se faire respecter et il aimait ça.

- Durant cette réunion nous allons vous présenter l'entreprise. Ici présent nous avons tous les responsables des différents services de l'entreprise qui n'hésiterons pas à m'arrêter si je commet une erreur dans mes dires. Comme vous le savez notre entreprise fait dans la location et la réparation automobile *dit-elle en s'adressant à lui.* En effet, en ce qui concerne ce premier volet de location des voitures, la voiture reste le principal mode de transport et de déplacement touristique pour des vacances. Le principal challenge ici a été de devenir un grand loueur comme nous le sommes aujourd'hui. Pour cela nous avons mis sur pied un logiciel qui permettait à chacun de choisir et réserver la voiture de leur choix sans soucis de distance, il est même possible pour certains de louer un chauffeur pour des durées qui seront déterminées par eux même. Et nous considérant comme des grands loueurs nous avons l'avantage d'offrir un service impeccable à nos clients car leur parc de voitures est très important ainsi que le nombre de stations. L'entretien des véhicules est parfaitement assuré et si un problème survient pendant la durée de la location notre intervention sera rapide.

Les 2 heures qui s'ensuivirent furent un récit de toutes les méthodes marketing, de communication, la présentation de l'entreprise sur le plan comptable et juridique, la présentation des différents services et leurs méthodes de travail. Il allait bien reconnaître que c'était une idée de génie de fusionner une entreprise de location et de réparation de voiture devenant eux même leur clientèle première. Posséder une société comme celle-ci allait être un plus pour sa société de taxi. Il aurait accès à une classe de personnes faisant partie de la haute société et la révision de ses véhicules deviendra un jeu d'enfant. Il espérait maintenant qu'elle lui vende ses parts sans faire d'histoire.

Une fois la réunion achevée, tout le monde se dirigea vers la porte et il se retrouva seul avec elle dans la pièce. Le silence régna pendant quelques secondes. Fermes et déterminés, ils se fixaient mais personne d'eux ne voulait faiblir.

-je crois que nous sommes tous les deux conscients que nous ne pouvons pas travailler ensemble. J'ai dû m'armer de courage et de bon sens pour rester de marbre durant cette entrevue.
-je veux te racheter tes parts. Cette entreprise sera parfaite pour moi et mon entreprise de taxi. *Dit il pour couper court*. Donne moi un prix et ça sera le mien.

Elle le fixa un moment abasourdi par le fait qu'il pense qu'elle pourra vendre cette entreprise. Certes elle voulait de l'argent mais une entreprise a elle qu'elle développera, qu'elle fera briller c'est ce dont elle avait vraiment rêvé.

-je croyais plutôt que c'est toi qui voulait vendre tes parts. En ce qui me concerne, je ne veux aucunement vendre les miennes. J'ai traversé beaucoup de choses pour avoir cette entreprise.

-tu n'as pas été la seule à traverser des choses difficiles kaitlyn. Moi j'ai grandi avec le sentiment de ne pas être aimé par mon père. Ma mère était sa secrétaire, il entretenait une liaison avec elle lors de son premier mariage. Il lui promettait la lune et elle restait parce qu'elle l'aimait. Le jour qu'elle lui a annoncé qu'elle était enceinte il la virer et lui a demandé de ne plus jamais entrer en contact avec lui de peur de ruiner son mariage. Elle a souffert, allant de job en job pour pouvoir survivre. Sa famille refusa de l'aider soit disant c'était une voleuse de mari. Elle s'est battu pour me donner la meilleure des éducations et pour que je réussisse. Et pendant ce temps mon père était un riche homme d'affaires , il ne l'a pas aidé une seule fois. Alors quand il est mort, je n'ai même pas été traversé par une once de pitié. Aujourd'hui avec cette entrevue je me rends compte que j'ai mérité cet héritage en dédommagement pour toutes les souffrances émotionnelles et physiques qu'il m'a fait endurer pendant des années et qui continue aujourd'hui. Aujourd'hui encore il me fait du mal. Il t'a épousé, tu étais sa femme, ceci rend toute chose impossible entre nous, que vont dire les gens ? Que va dire ma mère ? Ma mère est tout pour moi je ne la décevrai jamais même si pour cela je dois renoncer à toi. Je ne pourrai pas me contenter d'une histoire de quelques jours avec toi. Depuis que nous sommes dans cette pièce, ton corps m'attire indéniablement mais je ne fléchirai pas parce que si je me laisse emporter une fois, je ne pourrai plus résister. Je sais que tu ressens la même chose à mon égard. Nous ne pourrons pas travailler ensemble, il faudra que l'un de nous abandonne tôt ou tard et ça ne sera pas moi.

Il tenta vainement de retrouver son calme mais c'était impossible. Kaitlyn baissa les yeux sans montrer le degré de sa blessure d'entendre ça. Elle demeura muette en ravalant douloureusement ses larmes. Le destin lui avait donné un cadeau contre un autre. C'était le prix à payer. L'amour ne lui avait jamais apporté rien de bon et cela n'allait pas changer.

-Christians soit tu vends, soit on travaille ensemble. C'est à toi de voir.

Après cela elle prit son sac et sortit de la pièce car se sentait déjà faiblir face à cette situation. Sa tête contre la voiture elle sentait son cœur battre à tout allure meurtrit par la tournure qu'avait pris les choses. Elle n'avait pas droit au bonheur et n'avait jamais eu droit. Avant elle considérait que le bonheur c'était d'être riche mais elle avait goûté à un petit soupçon d'amour et ses idées avaient changé. Mais aujourd'hui cela était impossible.

Le soir dans sa chambre, elle se mit à ruminer, repassant les scènes d'eux qu'il avait vécues pas plutard que ce matin. dans sa tête. Cette vague de colère qui la possédait depuis des années déjà revint à nouveau. Elle devait l'oublier mais cela ne devait pas être facile en travaillant avec lui chaque jour.

## Chapitre 18

Le lendemain, kaitlyn avait mal dormi, les confidences de Christian l'avaient obligé à réfléchir toute la nuit. La journée s'annonçait glaciale.

Ils avaient commencé le travail dans un calme pesant. Leur regard s'était croisé plusieurs fois mais à chaque fois elle décida d'ignorer ses yeux foudroyant. Ils avaient réfléchi à une stratégie pour augmenter leur population cible et une éventuelle possibilité de travailler en partenariat avec son entreprise de taxi. A la fin de la journée, des forfaits de transport en fonction des bagages économiques de chacun de leur client avaient été créés. Une chose était sûre, c'est qu'ils travaillaient bien ensemble même si l'atmosphère qui régnait était pesante.

C'est ainsi que la semaine se passa, travaillant ensemble mais s'évitant désespérément.

Ce soir, ils avaient rendez-vous avec un couple de futur marié qui voulait l'entreprise pour couvrir le déplacement automobile de tous les invités à leur mariage. C'était un gros contrat qu'ils ne devaient pas louper. Les arrangements devaient se faire autour d'un dîner dans l'un des plus beaux restaurants de la ville à la demande des clients. Ils n'avaient pas eu d'autres choix que d'accepter car comme on le dit le client est roi .

Il était assis en face de ce couple à se demander où était kaitlyn. Le fiancé, un homme de la trentaine environ, qui paraissait au premier coup d'œil autoritaire et susceptible tandis que la fiancée était tout le contraire timide et réservée.

Kaitlyn avait environ 15 min de retard, Il voulait une chose c'était en finir et conclure ce contrat et s'en aller. Déjà qu'il n'avait pas été très d'accord pour ce dîner; la voir en journée et résister à la tentation de la toucher était une chose mais la voir ce soir pourrait s'avérer plus compliqué.

Notre diamant noir fit enfin son entrée dans l'enceinte du restaurant d'une démarche majestueuse dont elle seule en avait le secret. Elle était à couper le souffle se dit-il. Sur le moment ses défenses contre elle faiblissent. Elle était tellement belle et attirante qu'il lui a fallu une force phénoménale pour éviter de la sauter dessus à cet instant précis. Tous les yeux étaient sur elle. Les hommes présents dans la salle la dévoraient des yeux, elle faisait encore une fois l'objet des convoitises et cela le mettait hors de lui. Elle était sexy mais responsable à la fois. Il se demandait comment elle faisait pour combiner les deux en même temps. Kaitlyn s'était vêtue d'une robe beige en velours droite qui lui arrivait aux chevilles muni d'une fente du côté gauche de la robe qui s'arrêtait à la naissance de ses cuisses. Le col bateau de sa robe faisait parfaitement ressortir ses clavicules et son long cou . La robe formait un bustier parfait permettant de bien mettre en évidence sa taille de guêpe et sa poitrine ronde. Un petit sac à la main, une paire de Louboutin au pied et ils se prosternent tous devant elle.

Une fois les salutations et les mots de politesse échangés, ils allaient enfin pouvoir commencer. La discussion se déroulait très bien même si la femme n'en plaçait pas un mots; d'habitude les femmes sont plus enthousiastes pour ses trucs se dit-il; bien sûr à l'exception de celle qui se trouvait à côté de lui et dont le parfum l'énivrait.

Il observait sa jeune interdite du coin de l'œil, elle se leva gracieusement de la chaise et se dirigea vers les toilettes et pendant cet instant, il ne put détourner son regard de cet ange qui s'éloignait de lui de plus en plus.

-Monsieur vous m'écoutez?

Soudain il tressauta se rendant compte qu'il n'avait pas écouté. Pour la première fois, il avait oublié d'écouter. Pendant son travail sa concentration était toujours maximale mais depuis qu'il l'avait rencontré il n'arrivait plus à avoir sa concentration d'antan.

Le dîner se déroula très bien et il avait conclu l'affaire. L'heure de la séparation avait sonné. Ils se levèrent pour s'accorder une ultime salutation avant de se séparer mais le verre de la fiancée tomba et se cassa. Cet incident ne devait pas être si grave se dit kaitlyn étant donné la somme astronomique que ce restaurant faisait payer en facture. Mais la peur dans les yeux de cette femme la fit douter sur le coup.
-Tu ne peux pas bien te tenir pour une fois … il faut toujours que tu me fasses honte. *Dit le futur marié sur un ton autoritaire*
-Jeeee… euh … je n'ai pas fait exprès *répondit elle en bégayant*
Il saisit son poignet avec voracité et l'entraîne vers la sortie. Elle croisa le regard de la jeune femme effrayé presque implorant de l'aider mais quand elle voulu se diriger vers eux elle sentit une main elle aussi sur son poignet mais pour la retenir.

Kaitlyn se retourna pour regarder le visage de l'homme debout à sa gauche et vit alors une expression calme. Comment faisait-il pour être calme devant cette situation.
-ce ne sont pas nos affaires kaitlyn!
-mais tu as bien vu comment elle paraissait effrayée ? Je devrais rester sans rien faire . *Dit elle sentant déjà son calme la quitter .*
-calme toi! On vient de signer un gros contrat avec eux. Tout ce que je dis c'est de ne rien faire qui mettrait ce contrat en péril. Viens on rentre. *Dit il en se dirigeant vers la sortie pour couper court à la conversation.*

Kaitlyn avait toujours été révolté par ses crimes dits passionnel fait à ce qu'ils ont l'habitude d'appeler le sexe faible. Les violences faites au femme en général et les violences conjugales sont des maux qui minent notre société au quotidien et sur lesquelles on passe souvent très vite l'éponge. Cette violence est en évolution croissante dans nos sociétés depuis des années même si l'étiquette pas important est collée dessus. Généralement tu entendras des gens dire <<le mariage est dur il faut supporter>> ou encore <<il faut même être fière que tu aies trouvé un mari d'autre n'en ont pas.>> ou même <<ton mari à le droit de te corriger de temps

en temps>>. Pour la société, se marier est chose difficile et souffrir est la meilleure option par rapport à ne pas avoir de mariage et être heureuse et ceci quitte à y laisser sa vie. Certes un grand nombre de pays possèdent des lois contre les violences domestiques et les violences faites aux femmes. Mais vu que ce sexe est considérer de sexe faible serait il toujours évident pour ses femmes du sexe faible de dénoncer ses violences? Serait elle capable de passer outre les préjugés que nous impose notre société ? Et il ne faut surtout pas oublier que les violences conjugales s'inscrivent généralement dans le cadre d'une relation amoureuse où la battue va toujours éprouvés le désir de protéger son compagnon même si elle sait que celui-ci lui fait du mal. La peur joue aussi un grand rôle dans l'évolution de ce fléau communautaire; parfois ses victimes ont juste besoin d'une main tendue pour les aider à sortir de ce cercle infernal. Mais ce qu'elles semblent oublier toutes, c'est que cette violence peut avoir des conséquences négatives sur le plan physique et même psychologique . De plus en plus de femmes perdent leur vie lors des situations d'intenses brutalités.

## Chapitre 19

Une fois dehors, elle se rendit compte qu'elle avait oublié un petit détail. Son chauffeur ne pouvait pas la ramener à cause de quelques soucis familiaux, c'était donc à lui de la ramener.
-où est ton chauffeur ? *Demanda t'il.*
- juste en face de moi.

Il se retourna incrédule à la recherche de celui-ci mais ne vit personne. Elle se sentit presque amusée par la situation.

-il ne viendra pas il a eu quelques soucis. Tu vas devoir me ramener. Ne t'inquiète pas je serai sage *rajouta t'elle devant son air inquiet*

Elle s'avança vers la voiture en s'assurant de passer aussi près de lui qu'elle le pouvait. Elle aimait jouer et si elle devait travailler avec lui, pourquoi pas s'amuser un peu. Elle pénétra dans la voiture amusée devant la mine qu'il affichait.
Le trajet se faisait dans un calme pénible. Il était tellement concentré sur la route où alors il cherchait à éviter une distraction qui se trouvait juste à côté de lui. Succombant à la fatigue et à l'ennui, elle s'endormit sur le siège passager.

Il venait de se garer devant un immeuble. Kaitlyn avait déménagé après la lecture du testament de son mari ne se sentant plus alaise dans cette demeure . Elle avait besoin d'un endroit qui serait elle et non à son défunt mari. c'est à ce moment qu'il se rendit compte qu'elle s'était endormie . Il prit du temps pour la contempler. Elle avait l'air d'un ange vu sous cette angle. Elle était tellement belle, il avait l'impression que ses lèvres l'appelaient. Il la secoua de l'épaule un peu trop brutalement, sûrement essayant de résister au pulsion que son corps semblait le dicter. Elle sursauta et le lança un retard meurtrier.
-On ne t'a jamais dit qu'on réveillait une personne avec douceur ?
-désolé *dit il simplement.*
- oui c'est ça !

Elle descendit de sa voiture sans aucune autre parole. Et s'avança vers son immeuble. Cet homme était bipolaire, se dit-elle. Trop épuisé pour continuer à penser à ça, elle monta simplement vers son appartement. A peine 5 min après qu'elle fût entrée, tout juste le temps de retirer ses chaussures et sa robe, on toqua à la porte. Elle se jeta un pardessus de chambre dessus et alla ouvrir en se demandant qui pouvait bien toquer chez elle à cette heure .

Quand elle ouvrit la porte, il regretta amèrement de se trouver là à cet instant.

-euh … Tu as oublié ton sac dans la voiture.

Il n'arrivait pas à détacher ses yeux de sa poitrine ronde, il en oublia toutes les résolutions qu'il avait prises la concernant. A ce moment, il ne contrôlait plus rien. Il avait l'impression d'être habité par une force surnaturelle qui essayait de le pousser à se jeter sur elle. C'était impossible de résister à une telle femme .

Elle sentait bien qu'un truc se passait. Elle ne s'était jamais senti aussi attiré par un homme. Il avait retiré sa veste et les premiers boutons de sa chemise était déboutonnée donnant ainsi accès à une infime partie de son torse.

Sans attendre il se jeta sur elle comme un lion qui avait enfin pu saisir sa proie, mais elle ne fit rien pour s'en défaire. Leur bouche se rencontrent dans un choc violent mais à la fois si doux. Ces baisers certes interdits avait le goût de la délivrance, la délivrance de ce sentiment d'attraction qu'ils cherchaient tous les deux à refouler.

Alors qu'il prenait plaisir à dévorer ses lèvres, il entra dans son appartement et ferma la porte à l'aide son pied. Elle les dirigea vers sa chambre, éclairée par la seule lumière d'une lampe de chevet.

Il s'arrêta d'un coup pour la contempler, Ses veines se mirent à gonfler de désir alors qu'il se regardait les yeux fiévreux .

Kaitlyn respira profondément lorsqu' elle sentit sa main passer sur le devant pour la défaire du seul tissu qui la servait de bouclier. Ses mains s'employaient à le faire dans une lenteur douloureuse. Quand cela fut fait , elle leva les yeux vers l'homme qui se trouvait au-dessus d'elle pour constater que celui-ci n'avait d'yeux que pour sa poitrine. Il la souleva légèrement pour pouvoir la défaire de ce tissu qui emprisonnait son bonheur du moment. Quand cela fut fait, un son rauque s'échappa de la bouche de son amant et bientôt c'était à son tour lorsqu'elle sentit sa paume de main imposante s'emparer de sa poitrine. Elle ferma les yeux déjà menacé par une sensation brûlante qui se propageait en elle.

-ouvre les yeux! regarde moi… je veux voir ce que tu ressens ? Tu as compris.

Elle se contenta d'hocher la tête se sentant encore plus faiblir devant cette autorité.

Il glissa sa main vers son ventre pour mieux lui ôter son dernier rempart. Elle se trouvait nu devant lui et pour la première fois elle se sentait intimidée pendant ce moment qu'elle avait fini par trouver banal au fil des années. Il se redressa et l'observa attentivement, à ce moment elle sentit son Poul d'accélérer devant ce regard si possessif comme si elle était sur le point de recevoir le jugement ultime.

-Tu es tellement belle kaitlyn.

Il lui laissa à peine quelques secondes pour reprendre ses esprits devant cette parole aussi simple mais dite avec une sincérité qui l'étonne elle-même qu'il se pencha pour l'embrasser mais cette fois avec plus de douceur. Très vite ce baiser devient incontrôlable, brûlant de désir et de passion. Elle sentit alors une flamme naître en elle, une flamme qu'elle n'avait jamais ressenti jusqu'à présent.

-Tu es magnifique *dit-il cette fois en lui prenant le menton pour qu'elle réalise à quel point c'était vrai.*

Aucun homme ne l'avait traité comme il le faisait. Il était si prévenant, et dans ses bras elle ne s'était jamais sentit chose au contraire elle avait l'impression la personne la plus précieuse du monde.
Soudain, il baissa les yeux , la respiration de plus en plus forte, il se pencha pour saisir avec sa langue la pointe de ses seins déjà bien définie par le désir qu'elle ressentait. Il la sentit cambrer pour lui donner la possibilité de savourer encore plus l'esquisse de ce paradis. Il passa une main derrière son dos la rapprochant encore plus de lui, c'est alors à ce moment qu'elle poussa son premier gémissement qui ressemblait à un son si mélodieux. Il ne tenait plus, son pantalon ne tenait plus . Il se releva et se déshabilla avec hâte gardant toujours ses yeux bien ancrés dans les siens histoire d'entretenir la flamme qui ne cessait de grandir entre eux.

## Chapitre 20

Les yeux de la jeune femme était masqué par un voile de désir impossible de dissimuler. Il s'allongea sur elle, le contact de leur deux peaux suffit à faire monter leur désir encore plus. Ses mains parcouraient son corps comme s' il voulait lui faire ressentir toutes les sensations possibles. Il glissa sa main vers ses cuisses pour les écarter donnant accès à son sexe déjà humide. Ses mains caressent l'entrée de son intimité avec une lenteur cruelle la faisant presque suffoquer de plaisir, elle ne pouvait plus supporter, tout son corps exprimait son impatience et puis il posa sa main sur son intimité. Il caressait son endroit le plus sensible et elle était déjà au bord de l'extase. Il poussa un grognement à la vue de cette image, l'une des plus belles images qu'il lui a été donné de voir. Ne pouvant plus attendre il décala pour enfin s'emparer de ce qu'il était impatient de goûter. Surprise tout d'abord elle ne put étouffer un cri de plaisir. Le plaisir, elle n'avait jamais su ce que c'était. Elle prenait du plaisir pendant ce moment, un plaisir que jamais elle n'avait ressenti.

Il se mit à lécher soigneusement chaque replis de son intimité faisant exploser une multitude de sensations dans le bas de son ventre. Ses gémissements le rendait fou, il n'avait qu'une envie de se noyer en elle et d'oublier tout le reste.

Christian se redressa alors que kaitlyn tentait vainement de reprendre son souffle, les yeux embués de plaisir elle vu son amant dévoilé son sexe tendu à l'extrême qu'elle pris peur pendant quelques secondes. Kaitlyn plongea son regard dans le sien et à ce moment rien ne pouvait témoigner le désir qu'ils ressentaient l'un pour l'autre.

Il se rapprocha d'elle, excité par le regard désireux qu'il avait sur elle, kaitlyn se pinça la lèvre pour finalement ouvrir sa bouche lorsqu' elle le sentit se glisser lentement en elle. Il grogna en enfouissant sa tête dans son cou;

-c'est tellement bon kaitlyn *dit il dans un souffle.*

Cette sensation était indescriptible, ce moment était indescriptible. Il se redressa et entama une longue pénétration qu'il figea pendant quelques secondes lors desquels il la regardait avec intensité comme s' il voulait lire en elle. Ses vas et vient devint plus prononcé et plus rapide le tout animé par des cris, des gémissements et des grognements. Le silence de la nuit semblait s'être transformé en un chant mélodieux qui accompagnait leurs désirs. Kaitlyn gémissait , elle prenait du plaisir devant cet acte qui autrefois semblait plus être un prix à payer qu'autre chose. Il sentit son sexe se resserrer autour du sien et entama dans vas et vient plus rapide et plus féroce. Elle n'en pouvait plus, son corps était traversé par un nombre incalculable de spasmes à chaque seconde. La boule grandissante dans le creux de son ventre depuis tout à l'heure menaçait d'exploser. Il grognait de plaisir, il avait l'impression d'être un adolescent qui venait d'avoir ses premiers rapports sexuels, d'inéluctables sensation le traversait à ce moment, il se sentait bientôt lâcher.

-dit moi ce que tu ressens kaitlyn. Parle moi!

Il se mit à mordiller le lobe de son oreille sans arrêter ses féroces va et vient. Le plaisir était à son paroxysme.

-je n'ai jamais ressenti ça . C'est tellement intense .

Elle acheva sa phrase d'un gémissement qui ne faisait que confirmer ce qu' elle venait de dire. Ses grognements à lui exprimait son plaisir, tous les muscles de son corps semblaient être contractés, ses coups de reins devint féroce et interminable l'ultime confirmation qui lui indiquait qu'il ne pourrait jamais se défaire d'elle.
Christian déposa sa tête sur la poitrine de sa belle, baissant sa tête pour observer son sexe pénétrer dans cette voûte du plaisir. Il se redressa pour voir une kaitlyn luisante par ce qui semblait exprimer son plaisir . La bouche ouverte, le visage enflammé, ils ne tenaient plus. La jouissance était proche pour l'un comme pour l'autre , il se saisit à nouveau de sa bouche rosit par les précédents échanges.

-Tu es tellement désirable bébé.

Cette dernière phrase accompagnée de grognements suffit à l'achever. Elle sentit ses jambes tremblées de plaisir , c'était sa première fois de ressentir cette sensation inouïe. C'était incroyable. Ses gémissements remplissent la pièce et c'est sur cette note douce qu'il acheva lui aussi son voyage se contractant de toute ses forces et poussant deux derniers coups sec histoires de savourer jusqu'à la dernière miette de ce plaisir.
Il se glissa sur le côté la tirant avec lui pour qu'elle s'allonge sur son torse. Il glissa sa main libre jusqu'à sa hanche et ainsi la rapprocha encore plus à lui. Il lui as suffit de quelque minutes pour comprendre que cette jeune femme venait de bousculer complètement sa vie. Même s' il savait que le chemin allait être difficile, il ne voulait plus la laisser partir. C'est ainsi qu'ils se laissèrent aller tous les deux dans les bras de Morphée.

## Chapitre 21

Lorsque les rayons de soleil se faufilent dans la chambre de kaitlyn elle ouvre les yeux lentement et pris quelques secondes pour réaliser ce qui s'était passé la nuit dernière. Elle tourna la tête sur sa gauche pour constater un Christian dormant paisiblement et ne put s'empêcher de se demander ce qui allait se passer maintenant. Certes c'était l'expérience la plus magnifique de sa vie mais ils ne devaient pas oublier les obstacles qui les attendaient hors de cette pièce.

Il avait l'air d'un Dieu, il paraissait si paisible. Son teint chocolaté, ses musclés sculptés dans une perfection irréaliste faisaient monter son envi ce matin encore.

-à quoi tu penses mon coeur?

Elle eut un léger sursaut car elle le croyait encore endormi. Sa voix enrouée du matin et l'entendre l'appeler ainsi fit encore plus chavirer son cœur qui tentait de dissimuler les sentiments qui naissaient pour ce jeune homme. Lorsqu'il ouvrit les yeux, Kaitlyn crut se noyer dans son regard profond qui lui donnait envie de s'échapper avec lui au bout du monde. Pour une fois, elle songeait à prendre un chemin qui lui était totalement inconnu, un chemin avec lequel elle ne savait pas à quoi s'attendre: le chemin de l'amour. Elle voulait découvrir ce que c'était que d'aimer. Mais une question lui revient toujours à l'esprit: la passion ou le pouvoir? Était-elle prête à faiblir pour un peu d'amour? Une fois avoir été blessé on se dit que la passion devient une faiblesse et le pouvoir devient beaucoup plus intéressant.
-euh... Non! à rien!
- pourtant tu en as pas l'air. Ou tu n'as pas encore digéré ton orgasme d'hier soir ma douce? Dit il avec un air taquin.

Elle toussota prise au dépourvu par ce qu'il venait de dire. D'habitude, elle ne se sentait intimidée par personne mais avec lui c'était tout autre chose. Christian se redressa pour pouvoir l'embrasser. Lorsqu'il posa sa bouche sur la sienne, cette étrange sensation électrique traversait encore tout son corps lui donnant l'impression de ne rien contrôler. Il la contrôlait totalement se dit-elle soudain. Elle avait juré de ne pas se laisser contrôler par aucun homme même si le cas de celui-ci paraissait exceptionnel. Elle mit fin au baiser et se dégagea de lui non pas sans lui avoir lancé un regard dont il essayait de deviner la signification. Soudain, kaitlyn se leva et se dirigea vers la salle de bain.
Il ne savait pas ce qui lui arrivait. Après la nuit qu'ils ont passée elle essayait toujours se montrer distant avec lui pourtant il croyait que les sentiments qu'il ressentait pour elle était partagé. il ne pouvait se défaire de l'idée de l'avoir pour lui seul. Il cala son dos contre le chevet du lit et attendit son retour patiemment.

45 minutes plus tard, Kaitlyn revint dans la chambre les cheveux mouillés une serviette entourant son corps et une autre dans ses mains qu'elle utilisait pour se sécher les cheveux. Christian ne put s'empêcher de la trouver encore une fois belle. Au début il s'était dit qu'en

couchant avec elle l'attirance qu'il ressentait devait se volatiliser mais elle l'attirait encore plus. En dehors d'être l'une des plus belle femme qu'il ait vu, sa personnalité de femme forte et battante était un atout encore plus parlant.

Lorsqu'elle s'avança dans la chambre, elle s'arrêta en constata la présence de Christian adossé dans le lit une mine renfrogné sur le visage

-Tu peux me dire ce qui te prends?Je croyais qu'avec ce qui s'était passé hier les choses seront différentes ce matin. *Dit il d'un trait sec.*

-Tu as trop d'emprise sur moi Christian, j'ai l'impression que quand tu me touches je ne contrôle plus rien.

-C'est ça qui te fait peur ? Tu as peur que j'essaye de te contrôler ?

Elle ne répondit rien mais il avait déjà sa réponse. Il se sentit un peu déstabilisé par le fait qu'elle puisse penser ça de lui mais pouvait la comprendre. Les épreuves qu'elle a traversé tout au long de sa vie peuvent expliquer le fait qu'elle veuille toujours contrôler tout ce qui se passe autour d'elle. Lui par contre ne lui voulait aucun mal et il voulait le lui prouver.

Il se mit debout et s'avança vers elle. A la vue de son corps nu elle se sentit vaciller légèrement peinant à croire que ce Dieu grec était en face d'elle. Il s'approcha d'elle et embrassa son épaule nu puis l'autre et sans le vouloir elle oublia toutes les résolutions qu'elle venait de prendre sous la douche.

Christian prit le visage de kaitlyn entre ses mains et plongea son regard dans le sien comme si il voulait lui montrer tous les sentiments qu'il ressentait pour elle à travers ce regard.

-je sais que les choses ne vont pas être facile pour nous au vu des circonstances et de ce que tu as enduré dans le passé. Mais sache juste que je serai toujours là pour toi quoiqu'il arrive comme je te l'avais promis et je ne ferais jamais rien qui ne cadre pas avec ton bonheur. Je n'ai jamais ressenti ce que je ressens présentement pour quelqu'un. Je ne sais pas si c'est de l'amour mais je suis bien déterminé à découvrir ce que c'est.

Il avait dit avec autant de conviction et de sincérité qu'elle en vint à culpabiliser pour son comportement de tout à l'heure.

Il se pencha et embrassa sa bouche comme s' il essayait de combler un vide. Ses mains avides chaudes se glissent dans ses cheveux histoire d'intensifier ce baiser qui semblait être la promesse d'un futur entre eux mais qui ne risque pas d'être de tout repos.

## Chapitre 22

Une nouvelle semaine commençait. Nos deux amants avaient fait un grand saut dans leur relation qui s'annonçait tumultueuse depuis le début. La dernière fois ils avaient passé le reste de la matinée ensemble; Christian l'avait couvert d'une affection qu'elle n'avait jamais connue. Il avait été tellement doux qu'à son départ elle ressenti un vide qui ne demandait qu'à être comblé par une seule et unique personne. Kaitlyn paraissait toujours aussi svelte, cette femme dont la silhouette révélait celle d'une déesse était le désir de tous les hommes mais aujourd'hui un seul homme hantait ses pensées les plus profondes.

En route pour le boulot, Christian ne s'habituera jamais au spectacle qui se déroulait devant ses yeux chaque matin. L'impatience, la vitesse à laquelle les gens se déplacent se lançant des injures les uns aux autres lui rappelait à chaque fois que la vie n'était qu'une course avec le temps. Tout le monde essayait de survivre, la vie n'était pas toujours rose pour tout le monde . D'autres doivent se battre pour subvenir à leur besoin et à ceux de leur famille tandis que d'autres n'ont aucun effort à faire pour se retrouver propriétaire d'une grande fortune dont il n'arriverait mm pas à dépenser la totalité avant leur mort. Le monde pouvait se montrer cruel avec certains. Ils nous arrivent de rencontrer des familles dont les enfants se retrouvent contraint à arrêter l'école pour pour pouvoir travailler et subvenir à leur besoin; d'autre famille où la vie n'a pas été charitable avec eux se trouvant contraint à fournir des efforts pour pouvoir guérir un membre de la famille souffrant d'une maladie nécessitant une mobilisation de fond énorme; il arrive même de voir des des familles qui n'arrive pas à avoir un toit ou dormir et un repas à mettre sous la dent chaque soir.

Parallèlement nous avons des familles dont les moyens sont assez importants qui se retrouvent à dépenser l'argent sans compter et à s'offrir une vie de luxe dont il pourrait très bien s'en passer mais le regard envieux des autres sur leur mode de vie plus que aisé est tout ce qu'il faut pour les encourager. Parfois la source de leur fortune est douteuse ou se faisant sur le dos de pauvre personne n'ayant d'autre choix que de les obéir.

Parfois on se dit que la vie est cruelle, que la société est cruelle. N'était il pas mieux de partager cette fortune dont le monde jouit à part égale à tous les habitants de la terre? On en vient parfois à regretter l'époque de nos ancêtres ou le troc était le moyen d'échange de services utilisé et semblait placer tout le monde à ce moment-là sous le même pied d'égalité.

Assis dans son bureau, il travaillait sur le mariage qu'il devait couvrir ce week-end dans la ville de Kribi. Le nombre de voitures qu'il devait mobiliser était important. Il devait s'assurer que les papiers de chaque voiture soit conforme pour les dossiers d'assurance mais le problème c'est qu'il n'arrêtait pas de penser à Kaitlyn aussi bien que cela troublait sa concentration. Il n'avait jamais éprouvé autant d'intérêt pour une femme. Kaitlyn pour lui était la FEMME. Quand il se mis à repenser à cette nuit où il avait eu le privilège de toucher à son corps qui pour lui était assimilable à la porte du paradis, il sentit une émotion typiquement masculine gronder en lui à nouveau et comme si le destin voulait le punir kaitlyn entra dans son bureau toujours aussi envoûtante. Ses cheveux étaient regroupés en arrière révélant à la perfection les traits de son visage sur lequel reposait ses yeux d'un marron profond dont la faiblesse à l'intérieur était masquée par de l'autorité.

-Bonjour Christian

Il arqua un sourcil étonné par cette salutation bien trop formelle pour lui.

-qu'est-ce qu'il y a ? Demanda-t-elle au vu de sa réaction.
-c'est comme ça tu me dis bonjour ?
-y'a une autre manière de dire bonjour ?

Il comprit alors que l'affection n'était pas chose facile pour elle. Elle n'en avait jamais reçu et sûrement ne savait pas comment en donner. A ce moment, il se rendit compte que sa guérison allait être longue mais pas impossible.
Les personnes humaines ne se rendent pas comptent que les actes qu'il pose envers des gens peuvent avoir des conséquences pendant toute leur vie. On n'a tendance à négliger l'aspect psychologique de toute chose pourtant cela a son importance et affecte nos relations inter humains sur de nombreux points.

Il se leva et se dirigea vers elle. Il se rapprocha d'elle et déposa délicatement ses lèvres sur les siennes et resta ainsi pendant un court instant avant de se décoller d'elle.

-bonjour mon coeur!

Kaitlyn fut tout d'abord surprise, elle n'était pas habituée à ce tout plein d'amour et d'affection mais cela ne la déplaisait pas.
Un sourire vint habiter son visage. C'était rare de la voir sourire avec autant de sincérité. Elle se sentait bien avec lui et pendant un moment elle oublia toutes les contraintes lié à leur histoire qui n'avait cessé de la tourmenter.

-Tu vois! c'est comme ça qu'on dit bonjour! Te voir sourire ainsi va rendre ma journée encore plus belle.

-je vais devoir m'habituer à tout ça mais je suis sûre que ça va venir ! Et puis il faut toujours qu'on parle Christian .
-oui je sais mais ne gâchons pas tout maintenant.

Il l'attire vers elle et passe ses bras autour de ses hanches. A ce moment, elle ne put s'empêcher de le trouver beau. Son torse musclé semblait torturer sa chemise qui essayait avec un grand mal de masquer cette musculature troublante. Il avait un air ténébreux qui ne donnait pas envie de lui faire confiance mais le problème avec elle c'est qu'elle lui faisait confiance.

-tu sais Christian j'adore me retrouver dans tes bras ainsi mais il faut qu'on travaille.

Il soupira et enfonça sa tête dans son cou avant de se séparer d'elle pour aller s'asseoir dans sa chaise et elle vint s'asseoir en face de lui.

La journée avait été longue, il avait achevé une bonne partie du travail même si cela était loin d'être terminé.

-Donc du coup on ira à kribi jeudi soir pour avoir le temps de tout organiser le vendredi. Je demanderai à ma secrétaire de réserver les chambres.

-D'accord mais tu laisse ta voiture. On n'ira avec la mienne. Dit il un sourire en coin.

-je ne sais pas ce que tu as en tête mais bon !!

Sur le trajet qui menait chez elle ne cessait de s'interroger sur la relation qu'elle avait avec Christian cette relation à la fois interdite et fusionnelle avait le goût d'une douceur d' été. Elle ne savait pas à quoi donner la tête en ce moment ...l'envi de se donner à fond dans cette relation était présent mais ce petit blocage persistait toujours. Kaitlyn essayait de s'en débarrasser mais à chaque fois son passé revenait la hanter. Ce rabaissement non seulement psychologique, physique mais aussi sentimental avait sans cesse alimenté sa vie et elle avait toujours surmonter ça toute seule même si aujourd'hui il était là et essayait de l'aider. Est ce que cet homme allait différent des autres qu'elle avait connu? Elle n'en savait rien mais elle n'avait pas envi de vivre une déception de plus car elle savait pas si elle arriverait à surmonter une déception de plus. Alors elle ne savait pas si c'était une bonne idée de se mettre de manière franche avec lui ou de garder une réserve au cas où !

Fin du tome I

Printed by Books on Demand GmbH, Norderstedt / Germany